하나님이 소중하고

아름답게 만드신

________________의

책입니다.

사랑, 성(性) 그리고 하나님 여자

Originally published in the U.S.A.
under the title

Learning About Sex:
Love, Sex & God: For Young Women Ages 14 and Up

우리 자녀 성경적 성교육 시리즈

사랑, 성性 그리고 하나님

기독교성윤리연구소 · 박영주 감수 ♥ 이찬수 추천

★LOVE, SEX & GOD★

만 15세 이상
고등학생 이상
여자

기독교성윤리연구소 · 규장

추천사

자녀들을 성경적인 가치관으로 양육하고 교육하는 일이 갈수록 어려워짐을 느낍니다. 특히 빠른 속도로 변하는 세상 문화의 흐름 속에서 우리 자녀들은 하나님의 말씀과 성경적 가치관으로 무장하기도 전에 세상 가치관에 노출되고 휩쓸려버리곤 합니다.

특히 성(性)적인 부분에서는 더 심각합니다. 크리스천 부모들이 자녀들에게 언제부터, 어떻게 성교육을 해야 할지 몰라 우왕좌왕하는 사이에 우리 자녀들은 위험할 정도로 빠르게 세상적 성 가치관으로 물들고 있습니다.

그 결과 쾌락만을 최우선으로 추구하는 성 개념이 왜 잘못된 것인지 모른 채, 세상이 속삭이는 대로 원하는 것은 다 취할 수 있다고 믿는 어른으로 자라게 되는 것입니다.

더욱이 남성과 여성으로 인간을 창조하신 하나님의 창조 섭리는 무시한 채, 원한다면 얼마든지 본래 가지고 태어난 성별은 무시해도 좋다는 세상의 세태 속에서 크리스천 자녀들의 혼란은 더욱 커지고 있습니다.

이런 때에 가장 중요한 것은 세상의 가치관이 우리 자녀들을 휩쓸기 전, 아주 어린 시절부터 성경적 가치관에 따라 하나님의 창조 섭리 가운데서 성교육을 함으로써, 올바르고 건강한 성 가치관을 세워주는 것입니다.
건강한 성 가치관이 굳건히 세워지게 되면 자녀가 혼란한 세상의 물결 속에서도 쉽사리 흔들리지 않을 것입니다.

'우리 자녀 성경적 성교육 시리즈'는 그런 의미에서 꼭 필요한 책입니다. 남자와 여자의 몸이 왜 다른지에 관심을 기울이기 시작하는 영유아기 때부터 성적 호기심이 왕성해지는 청소년 시기에 이르기까지 단계에 맞추어 남자와 여자는 왜 다른지, 아기는 어떻게 생기고 태어나는지, 성에 대한 궁금증 등을 사실에 기반하여 진리 안에서 전하고 있습니다.

연령대에 맞추어 5단계로 이루어져 있으며, 특히 남자와 여자 책으로 분리하여 성별에 맞는 성교육이 이루어질 수 있도록 구성한 것이 이 시리즈의 특징입니다.

너무나 사랑하고 소중한 우리 자녀들에게 성경적인 가치관 안에서 올바른 성교육을 할 수 있도록 돕는 이 시리즈를 모든 크리스천 부모님들과 선생님들께 추천합니다.

이찬수 목사(분당우리교회 담임)

프롤로그

★LOVE, SEX & GOD★

'우리 자녀 성경적 성교육 시리즈'는 성(性)생활 영역에서 부모가 자녀에게 건강한 기독교 가치관을 전달하는 것을 돕기 위해 고안된 시리즈입니다. 시리즈의 마지막 책인 《사랑, 성(性) 그리고 하나님》은 특히 성에 대한 구체적인 사실과 지식을 진리 안에서 제대로 정리할 필요가 있는 만 15세 이상의 청소년·청년들을 위해 집필되었습니다. 물론 자녀를 양육하고 지도하는 부모님과 선생님, 그리고 아이들의 건강한 성장에 관심을 기울이며 대화하기 원하는 교육단체의 지도자들에게도 유용합니다.

'우리 자녀 성경적 성교육 시리즈'의 다른 책과 마찬가지로 이 책은 인간 성생활의 정신적, 감정적, 육체적, 영적인 측면에 대한 정보를 담고 있습니다. 특히 그 모든 내용은 우리를 창조하시고 예수 그리스도 안에서 우리를 구속하신 하나님과의 관계의 맥락에서, 분명한 그리스도인의 관점으로 기술하였습니다.

‘우리 자녀 성경적 성교육 시리즈’는 성(性)을 결혼하여 부부가 함께 나누도록 하나님이 설계하신 좋은 선물로 소개하며, 성생활과 결혼생활이라는 하나님의 계획과 선물이 우리의 신앙생활이라는 더 큰 맥락과 어떻게 조화를 이루는지 이해를 돕습니다.

‘우리 자녀 성경적 성교육 시리즈’의 각 책은 연령대에 따라 단계가 나뉘어 있으며, 그에 맞는 어휘와 정보의 양을 담고 있습니다. 또한 각각 그 연령대의 아이들이 일반적으로 궁금해하는 질문들에 대한 답을 담고 있습니다. 연령대별로 나뉘어 있기는 하지만 자녀들의 발육 속도와 흥미 수준은 매우 다양하기 때문에 부모님과 선생님들은 이 시리즈의 각 책을 미리 보고, 자녀가 준비가 되었을 때 다음 단계의 책을 보도록 안내해주기 바랍니다.

이 책은 성경을 기반으로 성에 관해 광범위하게 다루면서도 세밀하게 접근하여, 이제 성인으로 발돋움하고 있는 청년들이 성경적인 여성으로 자라도록 준비시키는 훈련 프로그램으로 사용하기에 적합합니다. 젊은 여성들에게 이 훈련은 멘토링 관계를 맺게 해줍니다. 젊은 여성은 어머니나 할머니 또는 여성 리더에게 많은 것을 배우게 될 것입니다. 신뢰관계가 형성되면 개인적인 질문을 주고받으며 통찰력 있는 토론을 하고 경건한 태도와 행위들을 본받을 수 있기 때문입니다.

부모님이 긍정적으로 하나님을 기쁘시게 하는 가치관을 보여준다면, 그것이 성경을 제외한 그 어떤 책보다 자녀의 건강한 성장에 영향을 미칠 것입니다. 하나님의 말씀을 통해 주시는 진리와 예수님을 통한 하나님의 은혜의 능력으로 시시각각 직면하게 되는 도전을 이겨낼 때 얻게 되는 지혜를 각 세대가 다음 세대에 전달할 때 하나님의 계획이 이루어집니다.

부모님은 '우리 자녀 성경적 성교육 시리즈'의 책들을 자녀와 함께 읽는 것은 물론, 이것을 시작으로 자녀들과 일상적인 대화를 나누며 자녀들의 다른 질문들에 답해줄 수 있을 것입니다. 우리는 이 책이 하나님의 위대한 계획에 관하여 많은 부모님들이 자녀들과 솔직한 대화를 지속적으로 나누게 되는 출발점이 되기를 기도합니다.

'우리 자녀 성경적 성교육 시리즈'의 책들은 또한 기독교 학교나 교회에서 교육 과정의 한 과정으로, 혹은 소그룹 과정 중 하나로 사용될 수 있습니다. 성교육을 포함한 자녀 교육에 대한 일차적인 책임은 부모에게 있기 때문에, 수업에서 이 책을 사용할 때에는 부모님에게 미리 알리는 것이 중요합니다.

또한 이 시리즈의 책들은 성별에 따라 그룹을 나누어 사용하도록 만들어졌습니다. 이런 환경이 학생들의 질문과 고민에 대해 열린 대화를 나누는 데 큰 도움이 됩니다. 그리스도인 가정과 기독교 학교와 교회가 협력할 때 성경적 가치관에 따른 성교육이 더욱 효과적으로 이루어질 수 있습니다.

하나님이 우리를 남자와 여자로 만드신 방법에 대해 정확한 정보를 나눌 뿐만 아니라, 특히 하나님의 놀라운 계획과 목적의 아름다움에 대한 경이로움과 깊은 이해, 하나님이 주신 모든 것을 향한 존중과 책임감을 가르치는 것이 중요합니다.

문화적인 영향력에 대항하기 위해 강하고 지속적으로 하나님의 계획에 담긴 기적을 자녀들에게 전달하세요. 하나님은 우리가 건강하고 행복하도록 만드셨습니다.

들어가는 말

★LOVE, SEX & GOD★

"하나님의 형상대로 창조되었다는 것은 무엇을 의미할까?"

"오늘날의 문화 속에서 젊은 여성에게 요구되는 자질은 무엇일까?"

"성생활에 대한 하나님의 계획은 무엇이지?"

이 질문들은 꽤 심오한 질문들이야. 우리는 이런 문제에 대해 끊임없이 고민하지만, 여전히 혼란스러운 부분이 있을 거야. 성경은 때때로 매우 분명하게 우리의 삶을 인도하는 것 같지만, 때로는 매우 이해하기가 어렵지. 설상가상으로 문화는 성(性)이 무엇이고, 이 세상에서 어린아이에서 청년이 된다는 것이 무엇을 의미하는지에 대해 매력적이고 유혹적인 거짓말들을 늘어놓기 일쑤이고 말이야.

예수님을 믿는 젊은 여성으로서 너는 지금 많은 변화의 한가운데 서 있어. 몸이 계속 자라고 있을 뿐 아니라 정신적, 감정적, 영적으로 계속 성장하고 있지. 신념은 더욱 강해지고 지혜로워지고 있으나 또한 자기 회의와 세상에 대한 혼란과 싸우고 있을지도 몰라. 예수님을 제대로 믿으려면 주일학교에서 배운 것보다 더 많은 것이 필요하다는 생각이 점점 더 강하게 들지도 모르지. 모든 것을 더 복잡하게 만드는 것은 흥미롭기도 하고 혼란스럽기도 한 성적 인식이 점점 더 자란다는 거야. 이 모든 것을 어떻게 조합해야 할까?

이 책의 목적은 이런 문제들과 그와 연관된 모든 질문과 주제를 탐색해보는 거야. 그래서 이 책에는 네가 결혼과 성에 대한 하나님의 계획을 알고 성숙한 그리스도인이 된다는 것이 무엇을 의미하는지 이해할 수 있도록 성경 말씀과 함께 믿음의 선배들의 질문과 경험을 담았어.

성경은 하나님의 구원 계획을 보여주지. 하나님은 우리를 죄에서 구원하기 위해 예수 그리스도를 보내주셨어. 성경은 이 죄 사함이 그리스도 안에서 우리의 것이라고 말해. 또한 십계명에 규정된 대로 그리스도인의 삶에 대한 하나님의 뜻이 무엇인지 설명해주지.

우리는 지금 아무도 십계명을 지킬 수 없다는 것을 알 만한 나이가 되었어. 하지만 하나님은 여전히 우리에게 그분의 계명을 지킬 것을 요구하고 계셔. 우리가 하나님의 뜻대로 살지 못한다 할지라도 그리스도 안에서 용서를 받는다는 놀라운 소식이 우리에게 주어진 이유가 바로 이것 때문이야.

십계명은 그리스도인들이 경건한 삶을 살기 위한 가이드 역할을 하지. 이 책에서 논의할 많은 내용이 십계명의 제7계명인 "간음하지 말라"라는 부분을 다루고 있어. 이 계명은 마르틴 루터가 어린이들에게 기독교 신앙을 가르치기 위해 정리한 '소요리문답'을 보면 더 자세하게 설명되어 있어.

"우리는 하나님을 두려워하고 사랑하여야 하며, 그로써 우리의 말과 행위에 있어 성적으로 순결하고 품위 있는 삶을 영위해야 합니다. 또한 남편과 아내는 서로 사랑하고 존중해야 합니다."

루터의 이 설명은 우리의 삶 속에서 결혼과 성에 관한 하나님의 계획과 뜻을 매우 잘 묘사해주고 있어. 하나님은 성령을 통해 우리를 강하게 하셔서 매일 우리 죄를 자백하고 그리스도께서 우리를 위해 이루신 죄 사함을 기뻐하게 하신단다.

우리를 구원해주신 하나님께 감사하며, 하나님의 선하신 뜻을 따라 이웃을 섬기는 선택과 행위로 응답할 수 있기를 바라며 이 책의 여정을 시작하려고 해. 여기에서 '너의 이웃'은 곧 너의 미래의 남편이야.

하나님의 기준에 따라 성적으로
순결하게 사는 게 가능할까?
성적인 유혹에 어떻게 대처해야 할까?

차례

★LOVE, SEX & GOD★

PART 1

꼭 알아야 할 성(性) 이야기

CHAPTER 1

성에 대한 하나님의 계획

하나님의 계획 묵상하기

그러므로 사람이 부모를 떠나 그의 아내와 합하여 그 둘이 한 육체가 될지니

엡 5:31

"하나님이 원하시는 것은 무엇일까?"

인생에 대한 하나님의 뜻이 궁금해질 때 우리는 이렇게 질문해. 또 어떤 때는 좌절과 분노를 느끼며 소리치겠지.

"하나님은 대체 나에게 무엇을 원하시는 것일까? 하나님의 기준에 맞춰 성적으로 순결하게 사는 것이 얼마나 어려운 일인지 모르시는 걸까? 성적인 유혹은 어디에나 있어! 하나님은 뭘 기대하시는 거지?"

그리스도인 청년이라면 누구나 이런 내적 갈등을 겪어. 하나님께서는 단지 우리가 실패하는 모습을 보시려고 이런 기준을 정하신 것일까? 그

렇지 않아. 하나님의 계획은 우리의 즐거움을 방해하거나 비참하게 만드시려는 게 아니야. 성에 대한 하나님의 높은 기준은 우리의 유익을 위해 세워졌어.

하나님은 성(性)을 '결혼생활 안에서 경험하는 매우 좋은 것'으로 설계하셨어. 하나님은 우리가 외롭지 않도록 결혼하게 하셔. 우리가 기쁨과 교제로 가득하며 성적으로 만족한 삶을 살기 원하시지. 이것이 하나님의 계획에 따른 결혼생활이야.

그런데 죄가 결혼에 대한 하나님의 계획을 망가뜨렸어. 원형을 알아보기 어려울 정도로 성과 결혼생활을 일그러뜨렸지. 물론 거의 알아볼 수 없는 것이지, 완전히 알아볼 수 없는 것은 아니지만 말이야.

하지만 그리스도께서는 우리를 위해 죽으실 만큼 그분의 백성과 교회를 사랑하셨지. 하나님은 이 세상에서 그 사랑에 필적하는 무언가를 우리에게 주셨어. 그것이 무엇인지 아니? 바로 남편과 아내 사이의 사랑이야. 결혼생활을 통해 우리는 우리를 향한 그리스도의 사랑을 느끼게 될 거야. 네가 그리스도 안에서 성장하며, 그 사랑 안에서 강건해지기를!

기도 예수님, 저를 사랑해주시고 죽음에서 구원하시기 위해 주님의 생명을 주셔서 감사합니다. 남자와 여자가 서로 사랑하고 보살피도록 만들어 주셔서 감사합니다. 너무나 빠르게 변해가는 세상 속에서 제가 하나님 안에서 진정 누구인지 정체성을 발견하게 해주시고, 세상에 휩쓸리지 않도록 제게 힘과 능력을 주옵소서. 예수님의 이름으로 기도합니다. 아멘.

우리의 성생활을 위한 하나님의 계획

하나님은 의도적으로, 또 매우 인격적인 방법으로 남자와 여자를 만드셨어. 성경은 창세기에서 태초에 우리는 다른 피조물과 구별된다고 전해. 빛, 하늘, 땅과 바다, 동물과 식물 등 다른 피조물들과 달리 하나님이 "있으라 하시니 있었다"라고 하지 않았지. 하나님은 개인적으로 인간을 설계하셨고, 서로를 위해 우리를 설계하셨어.

창세기 1,2장은 여섯째 날, 즉 다른 모든 것이 하나님의 말씀으로 창조된 후에 하나님이 인간을 만드셨다고 전하고 있어.

땅의 흙으로 사람을 지으시고 생기를 그 코에 불어넣으시니 사람이 생령이 되니라 창 2:7

하나님은 다른 모든 피조물을 만드셨을 때, 그들에게 즉시 "생육하고 번성하라"고 말씀하셨어(창 1:22). 그래서 그들은 서로 결합하도록 쌍으로 만들어졌지.

그러나 인간은 처음에는 남자만 있었어. 하나님은 다른 모든 것을 창조하시고 보시기에 좋았다고 하셨지만, 사람이 혼자 있는 것은 좋지 않다고 인정하셨어. 아담에게도 '그를 위하여 돕는 배필'이 필요했던 거야(창 2:18). 그래서 하나님은 남자의 갈비뼈로 여자를 만드셨고, 여자를 남자에게, 남자를 여자에게 주셨어.

바로 이것이 인간을 위한 하나님의 결정적인 계획이야. 즉 하나님은 인간을 남자와 여자로 만드셨어! 여자(바로 너!)는 남자를 위해 창조되었어. 따라서 남자와 여자는 서로 결합하여 온전한 하나가 될 거야. 남자에게 여자가 필요한 만큼 여자에게도 남자가 필요해.

서로를 위해 창조된 아담과 하와는 조화와 연합을 이루어 서로는 물론 하나님과 친밀하고 온전한 소통을 하며 살았어. 하나님께서 남자를 위해 설계하신 완벽한 동반자이자 조력자가 바로 여자야. 그리고 하나님에 의해 남자가 여자에게, 여자가 남자에게 주어진 것이 바로 결혼이지. 곧 결혼은 평생 상대방에게 헌신하는 거야.

하나님은 또한 다른 피조물들에게 하신 말씀을 그들에게도 하셨어.

"생육하고 번성하라."

성생활이 바로 그 그림에 딱 맞아. 성적으로 결합하여 자녀를 낳는 것은 남편과 아내의 행복과 만족을 위한 하나님의 계획의 아름다운 부분이야. 하나님은 그들에게 서로 잘 맞는 생식 기관을 주셔서, 그들 사이에 자녀가 태어날 수 있도록 하셨어.

하나님은 그들에게 결혼생활에서만 누릴 수 있는 친밀한 관계를 주셨어. 성경은 이것을 "둘이 한 육체가 될지니"(엡 5:31)라고 말해. 남자와 여자가 결혼생활 속에서 하나가 될 때, 그들은 한 몸이 되는 거야. 이제 그들은 더 이상 둘이 아니며 서로 분리될 수 없어.

성(性)은 한 몸이 되는 연합의 육체적 표현이야. 결혼생활 속에서 하나님은 감정적인 완성, 돕는 자와 부양자가 될 기회, 육체적(성적) 기쁨을 주셔. 처음 결혼한 남자와 여자, 즉 아담과 하와는 에덴동산에서 이상적인 생활을 즐겼지. 그것은 성과 성생활이라는 하나님의 선물을 받아 누리는 삶이었어.

죄의 등장

우리 첫 조상의 완전한 행복은 그리 오래가지 않았어. 그들은 사탄의 유혹에 넘어가 죄를 범했고, 모든 피조물은 사탄의 손아귀에 들어가고 말았지. 그러나 하나님은 그분의 형상으로 창조하신 이들을 버리지 않으셨어. 하나님은 아담과 하와를 큰 소리로 부르셨고, 그들이 무엇을 했는지 물으셨지. 죄에 대한 형벌을 선고하실 때도 구세주에 대한 약속을 포함하셨어.

하나님은 하와가 범죄한 결과, 출산의 고통을 겪을 것이라고 말씀하셨어. 또한 그녀가 이제 남편의 권위 아래 있는 것에 분개할 것이라고 하셨지. 아담에게는 범죄한 결과, 육체노동의 고통과 좌절을 겪을 것이라고 말씀하셨어. 아담은 이제 힘들게 일하고 땀 흘리며 하와와 자녀들과 땅과 가축들에 대한 책임을 져야 했어. 이 모든 것은 인간이 범죄한 결과로, 지금도 우리 삶에 영향을 주고 있어.

아담과 하와(그리고 그들의 후손인 우리 모두)는 죄에 빠진 결과로 낙심과 고난, 심적 고통을 알게 되었어. 죄는 자아상, 개인의 성취감과 만족감, 하나님과의 관계, 다른 사람과의 관계를 비롯한 그들 삶의 모든 면을 오염시켰어. 또한 죄는 오늘날 우리의 성욕을 타락시키고, 우리가 생각하고 말하고 신실하게 행할 수 있는 능력을 부패시켜 우리의 결혼생활을 이기심으로 오염시켰지.

하나님의 백성이라고 항상 그들을 위한 하나님의 계획을 완벽하게 따르는 것은 아니야. 하지만 그런 죄에도 불구하고 하나님께서 우리를 그분의 자녀로 받아주신다는 사실이 놀랍지 않니? 하나님은 우리의 죄를 사하시기 위해 십자가 위에서 죽으신 그리스도를 위해 이렇게 행하신단다.

하나님은 우리가 그분께 순종하기를 원하시고, 우리는 순종함으로 하나님을 향한 우리의 사랑을 보여주어야 해. 그러나 우리가 넘어졌을 때도 하나님은 우리를 속히 용서하시고 회복시켜주셔. 이 용서와 회복은 그리스도 안에서, 그리스도를 통해 완성돼.

성경은 우리에게 그리스도와 같은 형상으로 변화되라고 말해(고후 3:18). 이것은 성령이 우리 안에 거하시며 매일 우리 안에서 성화의 과정을 진행시키시고, 거룩한 삶을 살도록 우리를 강하게 하실 때만 가능해.

바울이 성적 순결을 포함하여 거룩한 삶에 대해 말한 것은, 우리에게 불가능한 임무를 부여함으로써 우리를 비웃거나 새로운 짐을 지우려는 게 아니야. 그는 사실 창세기에서 태초에 하나님이 설계하신 방식을 따라 설명하고 있는 거야. 세례를 받아 그리스도 안에 들어간 우리는 새로운 피조물이 되어 새 생명을 얻었으며, 자유롭게 되어 하나님이 계획하신 대로 하나님과 다른 사람들을 사랑할 수 있게 되었어.

이것이 쉽다고 말하는 것은 아니지만, 이제 모든 삶에 필요한 것은 매일 우리의 죄를 자백하고 주님의 용서를 받는 거야. 우리는 성령에 의해 용서받고 회복된 삶을 살아갈 수 있지. 그 성령께서는 우리가 성적으로 순결한 삶을 살 수 있도록 도와주시는 분이야.

이 책에서 함께 나누는 것은 그리스도인 여성으로서 우리가 누구인지를 배우는 거야. 즉 우리는 죄가 있지만 그리스도 안에서 용서함 받은 자들이야. 죄와 용서, 회복과 새 생명을 강조하는 것이 성(性)에 대해 이야기하는 책에 어울리지 않는 것 같지만, 이런 영적 진리를 이해하는 것이 실제로 삶의 유혹과 도전을 헤쳐나가는 데 도움이 될 거야.

남자 혹은 여자인 것이 그렇게 중요한가?

이상한 질문처럼 보일 수 있지만, 어떤 사람은 남자나 여자인 것이 정말 그렇게 큰 차이가 있는 것인지 궁금하게 생각해. 미국은 오랫동안 남성성과 여성성이 단지 사회적인 개념이라는 사상을 강요해왔어. 즉 성은 사회의 태도에 의해 만들어지는 것이지 깊은 의미는 없다는 거야.

1960~1970년대 미국에서는 많은 여성이 남성 지배적인 사회에서 더 많은 기회를 얻고 새로운 역할과 정체성을 규정하기 위한 행동들을 취했어. 이런 페미니스트 운동은 피임약의 발달에도 큰 영향을 받았어. 많은 여성이 임신의 시기와 출산을 통제할 수 있다는 것은 곧 직장에서나 성

적 행위의 문제에 있어서 남성이 하는 일은 뭐든지 동등하게 할 준비를 갖추었다는 뜻이라고 믿었지. 불행히도 이런 유의 페미니스트 태도는 몇십 년간 여자들이 남자들과 겨루게 했어.

성경은 남자와 여자가 하나님이 보시기에 동등한 가치를 지니고 있음을 분명히 말해. 하지만 또한 남자와 여자는 설계상 다르다는 것을 분명히 하지. 단지 남자와 여자가 다른 생식 기관을 가지고 있는 것만이 아니라 전체적인 구조가 다른 거야. 연구에 의하면 남자와 여자는 정보를 처리하는 과정이 다르고, 신체적인 강점과 약점이 다르며, 관계에 접근하는 방식도 달라. 하나님의 설계에 따라, 남자와 여자는 서로 똑같이 만들어진 것이 아니라 서로를 온전하게 하기 위해 만들어졌어.

인간은 수정이 이루어지는 순간 남성과 여성으로 존재해. 성은 생물학적 토대에서 결정되며, DNA 차원에서 바뀔 수 없어. 성은 한 사람으로서 우리를 구성하는 한 부분, 곧 우리의 창조된 모습이야.

초음파 검사를 할 때 혹은 네가 태어날 때 네 부모님은 기뻐하며 "딸이야!"라고 말했겠지. 그 순간부터 모든 사람은 너를 여자아이로 대하기 시작해. 두 살이 되었을 때 너는 다른 여자들을 매우 유심히 바라봤을 거야. 걸음걸이나 버릇, 말투에서 그들의 여성성을 모방하기 위해서지. 너는 살아가는 동안 여자로서의 삶을 경험하게 될 거야. 너의 성은 너라는 존재의 중심이 되지.

남성과 여성의 차이점을 기쁘게 받아들이는 것은 단지 한물간 과거의 사회적 사상이 아니야. 인간의 지난 역사 속에서 이 차이는 거의 항상 인정받아왔어. 때로는 칭송을 받기도 하고 때로는 학대를 받기도 했지만, 여전히 남자와 여자가 서로 다르다는 것, 서로 다른 강점과 약점을 갖고 있다는 것은 사실이야. 오늘날 문화 속에서 보는 성의 모호한 경계는 하나님의 선한 계획을 인간이 왜곡하고 있는 거야.

상함과 회복

불행히도 죄는 여자가 자기 자신을 이해하는 방식, 하나님과 교제하는 방식, 다른 남녀와 상호작용하는 방식에 부정적인 영향을 끼쳤어. 이 모든 관계는 죄에 의해 손상되어 그 결과 종종 육체적 또는 감정적 고통으로 나타나. 지금 상태는 본래 남자와 여자를 위한 하나님의 온전한 계획과 다르기 때문이지.

우리는 때때로 다른 사람을 향해 가혹하게 행동하며, 주변 사람에게 무례하게 말하고 행동하기도 해. 지금 우리가 하는 행동이 옳지 않다는 것을 알면서도 그것이 주는 재미 때문에 그런 우리를 용납하지 않으시는 하나님을 향해 대들어. 우리는 그래도 된다고, 뭐든지 기분 내키는 대로 해도 된다고 말해. '하나님은 우리가 즐거워하는 것을 원하지 않아!'라고 오해하기도 하고 말이야. 내가 다른 사람을 어떻게 대해야 하는지보다 남들이 나를 어떻게 대하는지에 초점을 둘 때 상처와 불만이 생길 수 있어. 또한 우리는 하나님과 우리의 이웃들에 대한 사랑을 나타내지 않는 선택을 하기 때문에 마음 깊은 곳에 상처를 입어. 즉 외로움과 죄책감, 정욕, 분노와 슬픔을 느끼게 되지.

우리가 처한 상황을 묘사하는 말이 바로 '상함'이야. 우리는 손상된 사람들이야. 깨지고 부서져서 더 이상 하나님과 다른 사람들과 밀접한 관계를 맺고 있지 않으며, 우리 자신을 올바로 이해하지 못하게 되었어. 왜 사도 바울 같은 위대한 사도조차 자기가 원하는 것은 행하지 못하고 미워하는 것을 행하는 것 때문에 괴로워했을까?(롬 7:14-25 참고) 죄는 하나님과 우리 사이, 남자와 여자 사이의 조화와 연합을 깨뜨렸고, 우리 내면에서도 우리의 욕망과 행동이 더 이상 하나님의 계획을 나타내지 않기 때문에 균열을 일으켰어.

그러나 예수님은 모든 인간의 죄를 위해 살고, 죽고, 부활하기 위해 오셨어. 그분은 우리를 하나님과 분리시키고 또 서로 간에 분리시키는 적대감의 벽을 무너뜨리기 위해 오셨어. 그분은 우리 각 사람, 즉 남자와 여자 안에 손상된 모든 것을 회복시키기 위해 오신 거야. 태초에 그랬던 것처럼, "자기를 창조하신 이의 형상을 따라 지식에까지 새롭게 하심을 입은"(골 3:10) 새 사람을 창조하기 위해 오셨어.

실제적으로 예수님은 깨어진 모든 것을 바로잡기 위해 오셨어. 깨어진 모든 관계를 화목하게 하시는 거야. 예수님은 우리를 하나님 아버지와 사랑의 관계로 회복시켜주셔. 결혼생활과 가정에 용서와 은혜를 주시지. 또 우리에게 사랑과 희락과 화평과 오래 참음과 자비와 양선과 충성과 온유와 절제(갈 5:22,23)를 주시는 성령의 능력과 열매로 우리의 이기적인 욕망을 극복하도록 도우시지.

깨어진 우리를 하나님이 회복시켜주셔! 그리스도인 청년으로서 꼭 기억하고 감사해야 할 얼마나 놀랍고 위대한 일인지!

성과 결혼생활의 더 깊은 의미

많은 그리스도인에게 중요한 질문은 “성적 순결을 위한 하나님의 계획을 따라야 하나요?”가 아니라 “성에 대한 하나님의 계획은 어떤 것인가요?”이야. 특히 많은 그리스도인 청년들이 흔히 묻는 또 다른 질문은 “죄를 범하지 않고 어디까지 갈 수 있나요?”지.

성에 대한 너의 태도도 이러니? 너는 성생활에 대한 하나님의 계획을 따르기 원하겠지만, 정확히 그 경계는 어디까지이니?

하나님의 계획은 결혼 전 너의 성적 행위와 결혼생활 안에서의 네 성생활에 관한 개요를 보여줘. 하나님의 계획과 그 중요성을 아는 것은 이를 기꺼이 받아들이고 도전을 받을 때 방어하는 데 도움이 될 거야.

성경에서 하나님의 사람들의 이야기가 창세기에 나오는 아담과 하와의 결혼으로 시작되어 요한계시록에서 어린양과 신부의 성대한 혼인잔치로 끝나는 것을 알고 있었니? 이 어린양과 신부의 결혼은 또한 그리스도와 모든 신자(교회) 간의 결혼으로도 알려져 있지.

그것이 무슨 의미일까? 하나님은 결혼을 그리스도를 나타내는 표징으로, 또한 그리스도와 교회의 관계를 나타내는 것으로 설계하셨어. 실제로 하나님께서는 성경 전체에 걸쳐 결혼, 남편과 아내의 충실함과 부정, 용서를 주제로 사용하고 계셔. 하나님께서 우리를 남자와 여자로 설계하셨기 때문에, 그리고 우리가 결혼이 무엇인지 알고 있기에 하나님께서 결혼과 관련된 용어를 사용하셔서 그리스도와 교회를 묘사하실 때 우리는 그 개념을 쉽게 이해할 수 있어.

남편은 아내를 위해 희생하고, 그리스도께서는 그분의 백성을 위해 목숨을 희생하셨지. 우리는 이것을 이해할 수 있어. 아내는 남편을 깊이 사랑하고 그를 기쁘게 해주기를 원해. 그리고 교회는 그리스도께 복종하고, 그리스도를 사랑하며, 우리의 남편 되신 그리스도의 보살핌에 감사하고, 주님께 모든 선한 것을 기대하지. 우리는 이것을 이해할 수 있어! 하나님은 우리가 그분을 더 잘 이해할 수 있도록 일상의 개념을 사용하셔.

우리는 구약성경 전체에서 결혼의 이미지를 확인할 수 있어. 하나님은 결혼을 통해 그분의 백성들과의 관계를 묘사하셔. 자신을 신랑으로, 이스라엘을 신부로 칭하시지. 남편이 부정한 아내로 인해 슬퍼하듯이 이스라엘이 방황할 때 하나님은 몹시 애통해하셔.

하나님의 선지자 중 한 사람인 호세아는 창녀와 결혼하라는 하나님의 명령을 받았어. 우리가 죄를 짓고 하나님께 충실하지 않을지라도 하나님이 우리를 어떻게 사랑하시고 얼마나 신실하신지를 보여주시기 위함이었지. 왜 그러셨을까? 주님은 신실한 남편이시기 때문이야!

결혼의 이미지를 사용하는 것은 신약성경에서도 계속돼. 예수님은 결혼에 대해 가르치실 뿐 아니라, 예수님을 따르는 자들에게 말씀하실 때 결혼에 관한 이미지를 사용하셨어.

마태복음 9장 14-16절에서 예수님은 제자들이 신랑과 함께 있으니 어찌 금식할 수 있겠냐고 말씀하셨어. 이 말은 신부가 신랑과 함께 있을 때는 기뻐하며 축하라는 의미였어! 축하하는 자리에서는 금식이 허용되지 않아. 금식은 혼인잔치 전에 기쁨을 박탈하는 것과 같지. 그러나 혼인잔치는 서로에게 기쁨을 주는 거야. 거기에는 명확한 경계선이 있어. 즉 결혼생활 밖에는 성적인 금식, 결혼생활 안에는 잔치가 있는 거야!

후에 사도 바울은 예수님이 자신의 신부인 교회를 거룩하게 하시기 위해 자신을 버리신 일에 대해 전했어. 다시 말하지만, 결혼은 취하는 것이 아니라 자신을 주는 거야. 그리스도는 신부를 위해, 바로 우리를 위해 온전히 자기를 희생하신 신랑이야!

결혼식에 참석해본 적이 있다면 아마 예식 중에 고린도전서 13장 4-8절 말씀을 인용하는 것을 들어봤을 거야.

사랑은 오래 참고 사랑은 온유하며 시기하지 아니하며 사랑은 자랑하지 아니하며 교만하지 아니하며 무례히 행하지 아니하며 자기의 유익을 구하지 아니하며 성내지 아니하며 악한 것을 생각하지 아니하며 불의를 기뻐하지 아니하며 진리와 함께 기뻐하고 모든 것을 참으며 모든 것을 믿으며

모든 것을 바라며 모든 것을 견디느니라 사랑은 언제까지나 떨어지지 아니하되… 고전 13:4-8

고린도전서 13장 말씀이 많은 결혼식에서 언급되는 이유는 이 말씀이 결혼생활 속에서 사랑이 어때야 하는지를 정말 아름답게 묘사하기 때문이야.

그러나 그리스도인의 눈으로 이 말씀을 읽는다면 진짜 메시지를 보게 될 거야. 바로 그리스도께서 사랑이시란 사실 말이야! 예수님만이 온전한 사랑 안에서 우리를 구원하시고, 우리를 거룩하게 하시기 위해 십자가에서 자신을 내어주실 수 있었어.

너도 때가 되어 결혼하게 되면 이러한 사랑의 말씀 뒤에 계신 그리스도를 증거하기 위해 노력할 거야. 네가 오래 참고, 온유하며, 이기적이거나 분개하지 않을 때, 그리고 남편을 지지하고 격려하며 남편의 약한 부분을 도울 때, 그리스도가 먼저 너와 네 미래의 남편에게 보여주신 그 사랑을 입증하는 거야. 이렇게 사랑한다면 얼마나 기쁜 일이겠니!

"우리가 사랑함은 그가 먼저 우리를 사랑하셨음이라"(요일 4:19).

하나님의 계획과 우리의 성욕

결혼에 대한 하나님의 계획을 아는 것이 지금 나의 성적 욕구에 어떤 영향을 미칠까?

> 이러므로 남자가 부모를 떠나 그의 아내와 합하여 둘이 한 몸을 이룰지로다 아담과 그의 아내 두 사람이 벌거벗었으나 부끄러워하지 아니하니라
>
> 창 2:24,25

처음부터 아담과 하와의 결혼은 오늘날 예수님을 믿는 젊은 여성인 너의 사랑과 성, 결혼생활과 밀접한 관련이 있어. 하나님께서는 우리를 설계하셨고, 결혼생활 안에 경계를 정하셨어. 즉, 남편만을 따르며 결혼생활 안에서만 한 몸이 되어야 하는 거야. 인간은 여전히 하나님의 본래 계획에 따라 서로 하나가 될 수 있는 남자와 여자로 창조되고 있으며, 처음부터 그랬던 것처럼 결혼생활 안에서 한 몸이 되어야 해.

우리를 창조하신 하나님은 우리에게 가장 좋은 것만을 주기 원하셔. 그분은 우리의 연약함을 아시고 우리 삶과 우리가 사는 세상의 일부인 유혹과 죄를 이기도록 도우실 것을 약속하셨어.

죄악으로 가득한 세상에서 우리 자신의 성욕을 통제하려 애쓸 때 우리를 향한 하나님의 사랑이 매일 따를 수 있는 지침을 제공해줄 수 있어. 하나님은 사랑이셔. 우리를 위한 하나님의 사랑은 우리가 가진 사랑의 가장 좋은 모델이야.

이 사랑은 하나님이 서로를 위해 남자와 여자를 만드셨을 때 처음 드러났어. 그리고 그 사랑은 오늘날 우리가 하나님께 돌아갈 수 있도록

십자가 위에서 우리 죄를 대신해 죽으신 예수님을 통해 우리에게 보여지지. 우리를 창조하시고 예수님 안에서 우리를 구속해주셨으니, 하나님은 사랑이셔. 또한 성령을 통해 우리에게 능력을 주셔서 하나님의 계획과 뜻대로 살게 해주시니, 하나님은 사랑이셔. 이제 우리는 다른 사람들에게 경건한 사랑을 보여줄 수 있어.

다른 사람에게 사랑을 보여주는 것, 이타적으로 행동하는 것, 하나님의 뜻을 따라 결혼할 때까지 성관계를 갖지 않고 기다리는 것이 어렵거나 불가능해 보인다면 우리에게 힘을 주는 것은 우리의 노력이 아니라는 것을 기억해. 오직 우리 안에 사시고 우리를 통해 일하시는 그리스도만이 매일 우리의 욕망이 하나님의 뜻에 순응하도록 하실 수 있어.

그러기 위해선 하나님이 계획하신 삶의 방식과 종종 일치하지 않고 심지어 적대적이기까지 한 이 세상에서 그리스도인 여성으로 산다는 것이 무엇을 의미하는지 이해할 필요가 있어. 성생활에 관한 네 친구들의 결정들을 볼 때면 하나님이 계획하신 너의 삶을 고수하기가 어려울 거야. 이것은 매일 도움이 필요한 도전이 될 거야. 하지만 우리의 도움은 "믿음의 주요 또 온전하게 하시는 이인 예수"를 바라보는 데서 올 거야.

믿음의 주요 또 온전하게 하시는 이인 예수를 바라보자 그는 그 앞에 있는 기쁨을 위하여 십자가를 참으사 부끄러움을 개의치 아니하시더니 하나님 보좌 우편에 앉으셨느니라 히 12:2

주님은 너의 욕구와 경건하지 않은 주변 사람들의 생각과 태도보다 훨씬 더 강하셔. 그분은 전능하신 분이야!

실제로 우리가 하나님의 말씀을 공부할수록 성적으로 순결하고 정돈된 삶을 살아갈 힘을 얻게 될 거야. 하나님께 유혹을 뿌리치고 욕망을 절제할 힘을 달라고 기도하렴. 유혹은 강하지만 하나님은 더 강하셔. 네 힘이 부족하면 너를 향한 하나님의 놀라운 사랑을 기억해!

성숙하고 건강한 여자로 성장하는 것은 이 놀랍고 창의적이며 생명을 주는 성적 에너지를 제어하고 그것을 미래의 가족에게 쏟는 법을 배우는 거야. 하나님은 우리 안의 이런 갈망을 강하게 하셔서 하나님의 계획대로 작동하게 하셨어. 우리의 삶 속에 죄가 있을지라도 하나님은 우리를 강하게 하시고 우리를 하나님의 길로 인도하실 수 있어. 성적 욕구는 우리가 하나님이 기뻐하시는 방식으로 서로 결합할 수 있도록 하나님이 주신 좋은 선물이야. 너의 성적 욕구를 귀하게 여기고, 결혼생활을 위해 성적인 표현을 유보함으로써 우리는 성을 값싸게 만들려는 문화적 메시지와 싸울 수 있어.

하나님은 우리를 너무나 사랑하셔서 독생자를 보내시어 우리 대신 희생하게 하셨어. 인류가 죄에 빠졌음에도 불구하고 하나님은 우리에게 자비를 베푸셔서 그분과 우리 사이의 모든 것을 바로잡아주셨어. 그것은 우리에게 그럴 만한 자격이 있어서가 아니야. 진실로 하나님이 우리를 너무도 사랑하시기 때문이야.

CHAPTER 2

남자와 여자의 성적 체계

하나님의 계획 묵상하기

내가 주께 감사하옴은 나를 지으심이 심히 기묘하심이라 주께서 하시는 일이 기이함을 내 영혼이 잘 아나이다 시 139:14

거울을 보면 무엇이 가장 먼저 보이니? 네 마음에 드는 부분이니, 아니면 마음에 들지 않는 부분이니? 종종 우리는 거울을 볼 때 우리의 '결함'만 보곤 해. 너무 크거나 작은, 혹은 너무 뚱뚱하거나 말랐다고 생각하는 부분들 말이야. 그리고 다른 사람들도 모두 나의 단점을 본다고 생각하기 쉬워.

거울을 볼 때 우리는 가장 중요한 의견을 놓칠 수 있어. 바로 하나님의 의견이야. 하나님은 우리를 바라보시며 이렇게 말씀하고 계셔.

"내가 너를 지금 그 모습으로 만들었어. 네가 태어나기 전에 내가 직접 너를 구성하였단다. 네게 딱 적당한 모양으로 만들어주었지. 너를 너무도 사랑하여 예수를 보내 십자가에서 죽음을 이기고 우리의 관계를 회복시키게 했어. 예수의 보혈로 씻겼으니 나는 너의 죄를 보지 않아. 나에게 너는 완벽하단다. 언제나 너를 사랑할 거야."

기도 하나님, 하나님의 뜻은 저에게 참으로 소중합니다. 주님이 제게 하시는 모든 말씀을 귀하게 간직하겠습니다. 때로는 하나님이 얼마나 놀라운 분이시며 저를 얼마나 사랑하시는지 잊어버립니다. 하나님이 보시기에 제가 누구인지 늘 기억하도록 도와주옵소서. 예수님의 이름으로 기도합니다. 아멘.

우리가 얼마나 기묘하고 복잡하게 지음 받았는지를 보여주는 가장 주목할 만한 예 가운데 하나가 바로 우리 몸 안에 있어. 하던 일을 멈추고 네 몸의 설계에 감탄한 적이 있니? 하나님은 그분의 계획에 따라 너를 만드셨어. 너는 정말 특별한 존재야!

특히 사춘기나 청소년기가 시작될 때 너 자신에 대해 불편하게 느꼈을지도 몰라. 이는 자연스러운 현상이야. 왜냐하면 네가 육체적, 감정적, 지적으로 많은 변화를 겪고 있기 때문이지. 너는 또한 그리스도와 그분이 너를 위해 해주신 모든 일을 더 잘 알고 이해하려고 노력하는 가운데 영적 성장을 경험하고 있어.

십대인 너는 생리를 시작하거나 가슴이 봉긋해지거나 또는 이런 변화들이 또래보다 너무 일찍 혹은 늦게 나타나는 것 때문에 매우 신경이 쓰일 수도 있어. 사실 거의 모든 젊은이가 어느 시점에서 자기 자신에 대해 불편함을 느끼지.

그러나 너의 불편함이 네 몸에 대한 일종의 증오나 실망으로 이어지는 것은 위험해. 죄의 결과로 우리는 우리 몸이 완벽하지 않다는 것을 알지만, 또한 하나님이 우리의 창조에 직접적으로 개입하셨다는 것을 알아. 하나님이 너를 오늘의 모습으로 만드신 거야!

외모에 대해 하나님을 원망하고 있니? 이를테면 큰 코나 비쩍 마른 팔, 키가 크거나 작은 것, 뚱뚱하거나 마른 것 때문에? 하나님이 네게 실수하셨을까? 그렇게 생각하고 싶을 수 있겠지만, 하나님은 그분이 무엇을 하고 계신지 잘 아셨고 네 모습 그대로 너를 사랑하셔.

사람의 외모만 보고 '그는 정말 멋있어'라거나 '그녀는 정말 귀여워'라고 생각하고 싶은 유혹이 들지만, 내면을 보면 우리는 모두 심히 기묘하게 지으심을 받았어(시 139:14). 이 책을 읽게 해주는 너의 눈이나 이 글의 의미를 이해하도록 도와주는 뇌를 생각해봐. 네가 방금 들이쉬고 내쉰 숨은 어떻니? 생각해볼 필요도 없이 그 일은 일어났어. 시간을 갖고 네 몸의 놀라운 체계를 살펴봐. 너는 하나님의 설계에 따라 참으로 놀랍게 만들어졌음을 알 수 있을 거야.

네 생식 기관도 마찬가지야. 아직 많이 생각해보지 않았겠지만, 생식 기관 역시 하나님에 의해 놀랍게 설계된 거야.

여성의 성적 체계

이는 만물이 주에게서 나오고 주로 말미암고 주에게로 돌아감이라 롬 11:36

하나님은 너의 몸을 특별하게, 남자의 몸과는 다르게 설계하셨어. 여자에게는 자궁 안에서 아기를 보호하고 양육할 수 있도록 여성의 기관들을 주셨고, 네 미래의 남편에게는 남자의 성적 기관을 주셔서 너와 성관계를 통해 쾌감을 주고받을 수 있게 하셨어. 너를 위한 하나님의 계획과 미래의 네 남편과 꼭 맞도록 결합하게 하신 방법은 정말 좋은 거야.

체내의 생식 기관

하나님의 놀라운 계획을 나타내는 한 가지 표지는 남성과 여성의 생식 기관의 차이점이야. 남성의 생식계는 대부분 몸 밖에 있는 반면에, 여성의 생식계는 대부분 몸 안에 있어.

여성의 몸속 깊은 곳에 한 쌍의 난소가 있어. 난소 안에는 다 자라지 않은 수천 개의 난자가 있지. 여자아이가 만 9세에서 16세 즈음 되면 난소에서 에스트로겐이 생산되기 시작해. 에스트로겐은 몸속의 많은 변화를 조절하는 여성 호르몬이야.

이 시기에 소녀는 키가 급격히 자라고 체중이 늘며, 유방이 발달하고 골반이 넓어져. 또한 생식 기관이 발달하고 겨드랑이와 음부에 털이 나지. 생리가 시작되면 질에서 투명하고 흰 분비물이 나오는 것이 눈에 띌

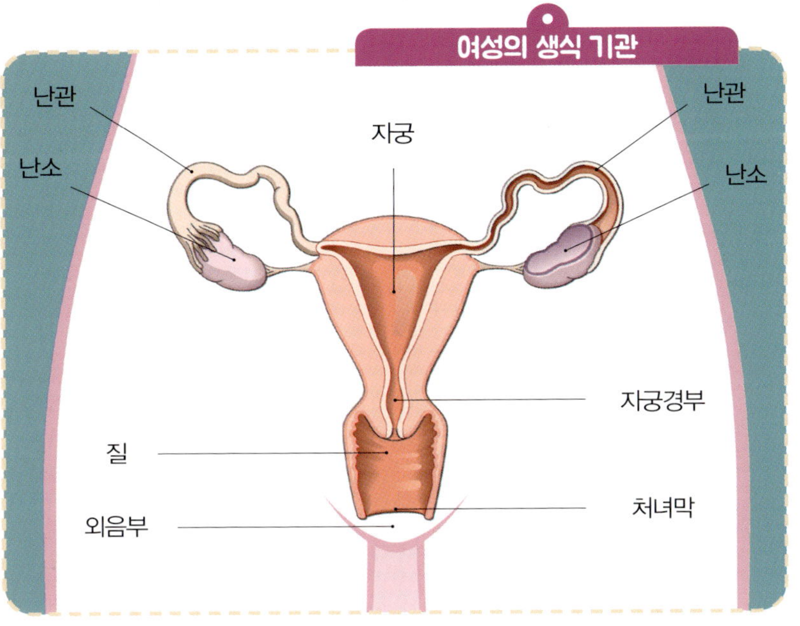

거야. 이것은 몸이 질을 조절하고 청결하게 하는 방법으로, 하나님의 놀라운 계획을 보여주는 또 다른 예란다.

사춘기가 되면 난소 안에 있는 난자들이 성숙해지기 시작해. 약 28일마다 성숙한 난자가 영양분을 공급해주던 난포에서 터져 나와 난소를 떠나. 성숙한 난자는 관 내부에 있는 액체와 머리카락 같은 작은 섬모에 의해 근처에 있는 난관으로 쓸려 들어가. 성숙한 난자와 정자가 결합되는 수정은 거의 항상 난관에서 일어나지. 수정이 일어나면 난자의 세포막이 딱딱해져서 다른 정자가 들어오는 것을 막아. 그리고 난자와 정자가 결합하여 만들어진 새로운 세포인 수정란은 서서히 자궁으로 이동해.

성숙한 여자의 몸속에 있는 자궁은 크기와 모양이 서양배와 같아. 자궁벽은 탄력이 매우 좋은 근육들로 되어 있어서, 임신 기간에 아이를 품을 수 있을 만큼 늘어나. 또 이 탄탄한 근육들이 아래로 수축하여 분만을 가능하게 하지. 그 근육들은 생리 중에도 수축해. 그래서 어떤 여성에게는 생리통이 생기기도 해.

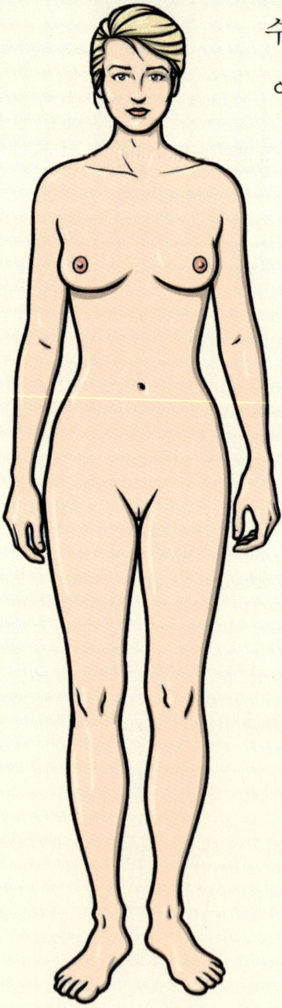

질과 산도 역시 탄력 있는 근육으로 이루어졌어. 질벽은 바람 빠진 풍선처럼 대부분 서로 맞닿아 있어. 성적인 자극을 받으면 질이 확장되고 성교를 더 용이하게 만드는 질액을 분비해.

자궁 안으로 통하는 자궁경부 또는 자궁목은 임신 기간에는 꽉 닫히고 출산 시에는 엄청나게 늘어나는 근육들로 만들어졌어. 그 누구도 새 생명을 만들고 유지하기 위한 그런 완벽한 체계를 설계할 수 없을 거야! 그것은 전문 설계자이신 하나님의 또 다른 기적이야.

외음부

질구는 부분적으로 처녀막으로 덮여 있어. 한때는 파열되지 않은 막이 아직 성관계를 갖지 않은 처녀라

외음부, 외부 생식 기관

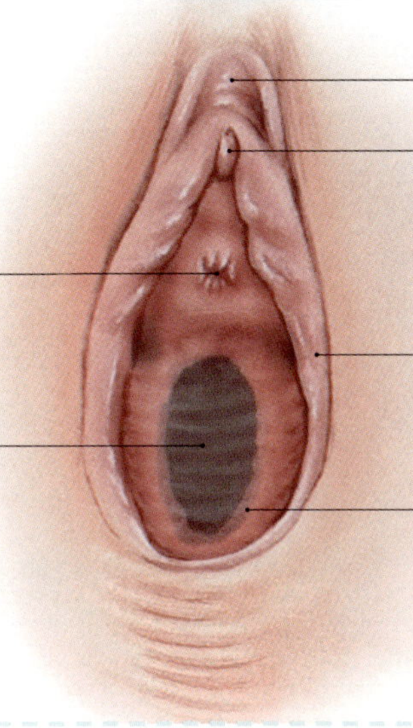

는 중요한 증거로 간주되었지만, 지금 우리는 처녀막이 종종 자기도 모르게 훨씬 더 일찍 파열된다는 것을 알고 있지. 처녀막은 여성의 처녀성을 나타내는 표시나 증표가 아니야.

질구를 둘러싼 두 겹의 피부인 대음순은 생식기를 보호하는 역할을 해. 바깥 부분은 털(음모)로 덮여 있지. 대음순 안에는 또 두 겹의 피부가 있는데, 그것이 소음순이야. 때로는 대음순에 가려져 있기도 하고, 대음순 사이로 나와 있기도 해. 핑크색 혹은 갈색이고, 주름이 있거나 매끄러워.

소음순의 맨 위에는 작은 원통형의 매우 민감한 조직인 음핵이 있어. 거울로 들여다보면 콩만 한 크기의 음핵 끝을 볼 수도 있는데, 여러 겹의 음순에 가려져 있을 수도 있어. 그리고 음핵과 질 사이에 소변이 몸 밖으로 나가는 요도가 있어. 요도는 매우 작고 질에서 완전히 분리되어 있지.

이렇듯 복잡해 보이는 여자의 생식 기관은 저마다 하나님의 계획을 이루는 목적을 가지고 있어. 너의 여성스러움 또한 하나님의 독창적인 설계에 잘 들어맞아. 여자인 너는 한 남자와 결합하여 자녀를 가질 수 있을 거야. 네게 여성의 특징적인 부분이 있기 때문에 미래의 남편과 성적 친밀감을 누릴 수 있어.

생리(월경)

소녀는 여성으로 성장하면서 생리를 시작해. 너도 생리에 대한 이야기를 들어봤을 거야. 그중에는 진실도 있고 단지 오해에 불과한 것도 있어.

혹시 이런 말들을 들어봤니?

- 생리는 몸에서 나쁜 피가 나가는 것이기 때문에 더러워.
- 생리 중인 여자는 운동, 특히 수영을 하지 말아야 해.
- 생리통은 실제로 존재하지 않아.
- 여자들은 생리주기에 따라 기분이 변하고 에너지 수준이 달라지기 때문에 힘든 일을 할 수 없어.

모두 거짓된 이야기야. 하지만 각각의 오해 속에는 진실의 일면이 있기 때문에, 진실과 오해를 구분하기 위해 생리에 관한 자세하고 사실적인 정보가 필요해.

팩트 체크

'생리는 더럽다'라는 논란

오해 1 "생리는 몸에서 나쁜 피가 나가는 것이기 때문에 더러워."

결론부터 말하면 생리혈은 혈액과 세포 조직들이 섞여 나오는 것으로 부정하지 않아. 성숙한 난자가 난소에서 나올 때 자궁은 새 생명의 시작을 위해 준비하지. 호르몬(에스트로겐과 프로게스테론)으로 인해 자궁벽에 부드럽고 두꺼운 내벽이 형성되고, 여분의 피가 자궁으로 흘러가 수정란에 영양을 공급할 준비를 한단다.

그런데 수정이 일어나지 않으면 난자와 새로운 내벽, 여분의 피는 필요 없어져. 그래서 파열되어 질을 통해 몸 밖으로 흘러나가게 되는 거야. 이것이 생리혈이며, 생리는 여자아이가 사춘기가 되면서부터 25년에서 40년 동안 약 한 달에 한 번씩 일어나. 하나님이 모든 사람을 특별하게 만드셨기에 생리주기도 여성마다 조금씩 달라.

생리는 정상적이고 건강한 과정이지만 일부 소녀들은 그로 인해 매우 당혹스러워해. 특히 어릴 때는 더 그렇지. 당황스러운 감정은 대개 그들이 생리에 좀 더 익숙해지고 생리주기를 잘 관리하는 법을 배울 때 사라져.

아마도 '더럽다'는 오해는 고대에 생리 중인 여성을 '부정하다'고 가르쳤기 때문에 시작되었을 거야. 하지만 그것은 더럽다는 의미가 아니라 '만질 수 없다'는 의미였어. 과거에 생리 중인 여성과 성관계를 갖는 것은 부적절하다고 여겨졌거든. 오늘날 대부분의 기혼 가정도 여전히 여성의 생리 기간에는 성관계를 갖지 않는데, 그 이유는 더러워서가 아니라 지저분해질 수 있기 때문이야.

네가 생리 기간에 부정하거나 더럽다는 것은 사실이 아니야. 그러나 생리 중에는 몸을 청결하게 유지하고, 위생을 염두에 두고 생리대를 처리하는 것이 중요해. 그렇게만 하면 넌 평상시와 다름없는 생활을 할 수 있을 거야. 생리는 하나님의 계획에 따라 네 몸을 건강하게 유지하기 위해 필요한 기능임을 기억하렴.

'생리는 병'이라는 논란

오해 2 "생리 중인 여자는 운동, 특히 수영을 하지 말아야 해."

생리는 건강하고 정상적인 몸의 신호야. 많은 여자가 생리 기간에 불편함을 느끼지만 그래도 정상적인 활동을 해. 오히려 너무 격하지 않은 적당한 운동은 기분을 좋게 만들지.

이때는 특별히 일상의 건강한 습관을 따르는 것이 중요해. 충분히 휴식하며 충분한 수분을 섭취하고, 염분 섭취를 피하여 체액 저류를 방지하는 것이 좋아.

'생리통은 가상'이라는 논란

오해 3 "생리통은 실제로 존재하지 않아."

생리통은 실제로 있어. 모든 가임기 여성의 90~95퍼센트는 생리 기간에 신체적인 증상을 겪어.

일부 여성의 경우 생리 직전의 호르몬 변화가 다양한 증상을 보이는데, 그것을 생리전증후군(PMS)이라고 해. 가장 흔한 증상은 아랫배의 통증, 근육과 관절의 통증, 요통, 복부 팽만감(더부룩함), 피로, 변비, 설사, 수면 패턴의 변화, 유방 압통이야. 이런 신체적인 증상들 외에도 불안, 신경과민, 감정의 기복 등을 경험할 수 있어.

생리전증후군을 완화시키기 위해서는 생리 전 일주일 동안 소금과 설탕, 카페인의 섭취를 줄여야 해. 그리고 티아민과 리보플라빈이 풍부한 달걀, 유제품, 통곡류 등을 먹는 것이 좋아.

매일 운동하면 생리통이 완화된다는 연구 결과도 있어. 전반적으로 스트레스를 줄이는 게 도움이 될 거야.

'생리는 업무 능력에 영향을 미친다'라는 논란

오해 4 "여자들은 생리주기에 따라 기분이 변하고 에너지 수준이 달라지기 때문에 힘든 일을 할 수 없어."

신체적인 것 외에 생리전증후군의 다른 증상에는 불안, 신경과민, 긴

장감, 우울감, 극심한 기분 변화, 피로 등이 있어. 많은 여성이 주기 한 가운데, 즉 성숙한 난자가 난소를 떠날 때는 특히 활력이 넘치거나 유난히 행복하다고 느껴. 그때 생산된 여분의 호르몬이 에너지 수치를 높이고 전반적으로 기분을 좋게 해줄 수 있어.

그런데 2주 뒤, 그녀의 호르몬 수치는 뚝 떨어져. 바로 생리를 시작하기 직전에 말이야. 그녀는 피곤하고 우울감을 느낄 거야. 하지만 모든 사람은 두드러진 기분 변화, 피로감, 슬픔을 경험하잖아. 스트레스, 걱정, 혼란, 불안감은 남녀 모두에게 이런 감정 변화를 일으킬 수 있어. 우리는 누구나 자기 자신에 대해 알고 이런 변화에 적응할 필요가 있어.

이 시기에는 건강한 식습관을 갖고 주기적으로 운동하는 것이 좋아. 또한 규칙적으로 성경 공부를 하고 경건의 시간을 갖는다면 놀라운 관점으로 세상을 대하게 될 거야. 그리스도인은 하나님이 주시는 복에 감사하며 성령에 힘입어 우리를 향한 그리스도의 사랑 안에서 기쁨을 발견하고, 매일 하나님이 주신 일을 기쁨으로 해낼 수 있어. 그것은 정말 좋은 느낌이야!

남성의 성적 체계

이는 만물이 주에게서 나오고 주로 말미암고 주에게로 돌아감이라 롬 11:36

남성의 생식 기관

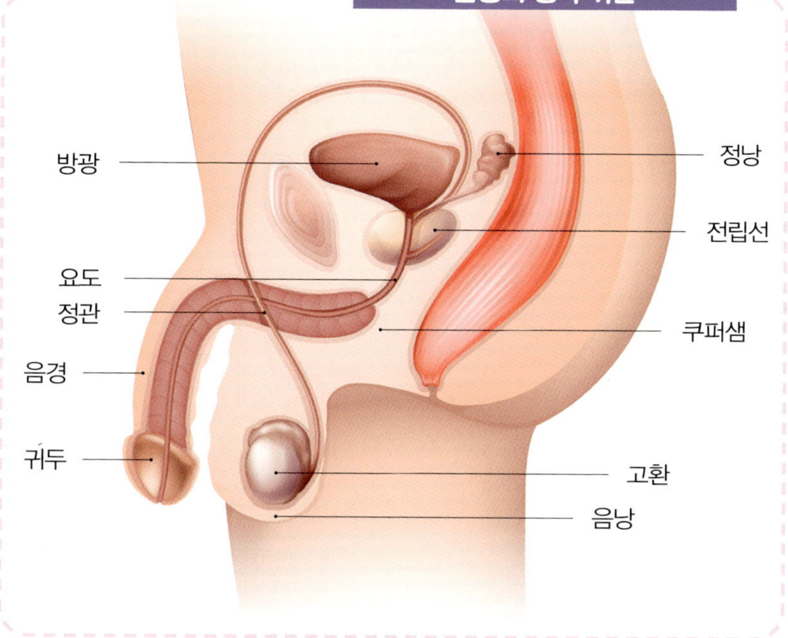

하나님은 남자의 몸을 특별하게, 여자의 몸과 다르게 설계하셨어. 하나님은 너의 난자와 수정이 이루어질 수 있도록 네 미래의 남편에게 정자를 전달할 수 있는 기관을 주셨고, 네 자궁 안에서 아기가 자랄 수 있게 하셨어. 하나님은 그에게 성적 기관을 주셔서 미래의 아내인 너와 성관계를 하는 동안 서로 기쁨을 주고받도록 하셨지. 그를 위한 하나님의 계획, 그리고 그가 너와 함께 맞추어갈 삶을 위한 하나님의 계획은 정말 좋아.

고환

음경 바로 뒤에 달려 있는 고환은 음낭이라는 주머니 속에 있는 둥근 분비선이야. 대부분 왼쪽 고환이 오른쪽보다 더 내려와 있는데 이유는 무엇일까? 하나님이 실수하신 것일까? 그렇지 않아. 두 다리를 모을 때 고환이 다치지 않게 하신 놀라운 기적의 설계야.

또 고환을 음낭 안에, 신체의 바깥 부분에 두신 하나님의 지혜를 생각해봐. 그 덕분에 고환은 필요한 온도를 유지할 수 있어. 고환의 적정 온도는 신체의 다른 부분보다 약 3,4도(°C) 정도 낮다고 해. 날씨가 추우면 고환을 몸에 더 가까이 붙이기 위해 음낭의 근육이 수축되고, 날씨가 따뜻하면 고환을 몸에서 좀 떨어뜨리기 위해 근육이 이완되는 거야. 이런 식으로 고환은 언제나 적정 온도에 가깝게 유지돼.

남자아이의 고환은 태어나기 몇 주 전까진 몸 안에 있어. 그러다가 음낭 속으로 내려오고, 소년이 청년으로 성장하면 고환에서 생식에 필요한 정자를 생산하기 시작해. 사춘기부터 노년이 될 때까지 이 놀라운 샘에선 하루에 수백만 개의 정자를 만들어내. 현미경으로 보면 정액 한 방울에 약 1억 2천만 개의 정자가 들어 있어. 정자는 가늘고 활동적인 꼬리를 가진 올챙이처럼 보여.

고환이 하는 또 한 가지 중요한 일은 테스토스테론을 생산하는 거야. 테스토스테론은 수염이 나고 목소리가 굵어지는 등 남성의 2차 성징과 생식기 발달에 관여하는 호르몬이야. 사춘기를 보내면서 남자아이들은 음낭과 음경이 커지고 색이 거무스름해지는 것을 보게 될 거야. 또한 음부에 털이 나고 몸과 얼굴에도 털이 나기 시작해. 목소리는 더 굵어지고 근육이 발달하며 뼈가 매우 급속하게 자라지. 젊은 여자들과 마찬가지로 젊은 남자들도 이성에 대한 관심이 생기기 시작하여, 성인이 되고 결혼할 준비를 갖추게 돼.

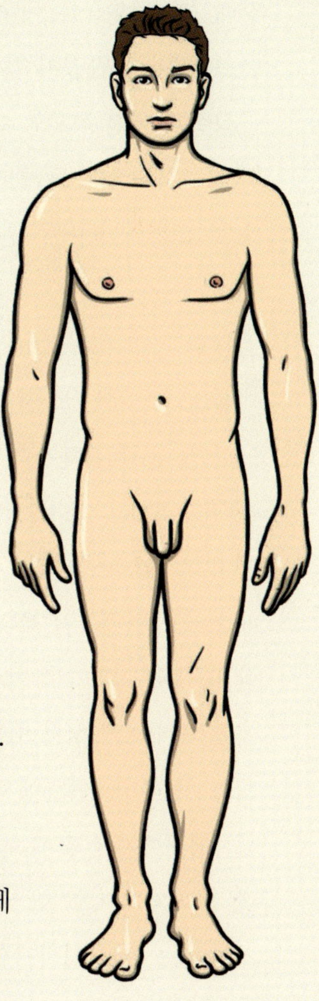

정자의 저장과 수송 체계

정자는 고환 속 작은 관들 안에서 생산된 후 더 큰 관들로 이동하여 거기서 자라. 그리고 정관을 통해 정낭으로 이동하지. 정낭은 방광 뒤에 있는 두 개의 주머니야.

정낭 옆에는 활동적인 작은 분비선인 전립선이 있어. 전립선은 계속해서 액체를 생산하는데, 그 액체는 다른 분비선에서 나온 액체와 혼합되어 정액을 만들어. 정액은 희고 끈적끈적한 액체인데, 그 속에 있는 정자와 함께 요도를 통해 음경 끝으로 한 번에 약 1~3티스푼 정도의 정액이 배출돼.

음경

음경은 고환 앞에 달려 있어. 고환처럼 접촉에 매우 민감한데, 음경 끝에 있는 귀두는 특히 더 민감해. 귀두는 느슨한 탄성 피부, 즉 포피로 덮여 있어.

많은 의사가 필요한 경우 포피 아래에 먼지나 소변 등 이물질 때문에 감염이 생기는 것을 방지하기 위해 포경 수술(포피를 제거하는 수술)을 권장해. 포경 수술은 매우 간단한 수술로 생후 며칠 이내로 하기도 하지만, 나이와 상관없이 언제든 받을 수 있어.

그런데 어떤 부모는 이 절차를 생략하기도 해. 포피가 있든 없든 음경의 기능에는 영향을 주지 않기 때문이지. 포경 수술은 남자가 성적 쾌감을 주고받는 데 아무 영향을 끼치지 않아.

발기

음경의 내부는 스펀지와 비슷한데, 남자가 성적으로 흥분되면 부드럽고 처진 음경 조직이 똑바로 서면서 더 커져. 음경이 몸에서 떨어져 서 있을 정도로 단단해지는 이런 현상을 발기라고 해. 발기가 일어나는 동안 더 많은 혈액이 음경으로 흘러들어가. 음경으로 유입되는 혈액의 양이 배출되는 혈액의 양보다 많기 때문에 발기 상태가 유지되는 거야. 음경의 크기와 모양의 차이가 있더라도, 남자나 여자에게 주는 성적 만족감에 있어서는 거의 차이가 없어.

발기는 어느 연령에서나 일어날 수 있지만, 사춘기 동안 더 자주 일어나. 생리주기에 맞춰 몸을 관리하는 것이 여자에게 주어진 과제인 것처럼, 소년의 발기는 불시에 일어날 수 있어.

발기는 주로 성적인 느낌과 몽상에 의해 일어나. 또한 꽉 끼는 옷이나 꽉 찬 방광에서 오는 압력에 의해 일어날 수도 있고, 심지어 뚜렷한 이유 없이 나타날 수도 있어. 사람들 앞에서 이런 일이 벌어지면 매우 당황스러울 수 있지만, 대체로 다른 사람의 눈에 띌 정도로 드러나진 않아. 사춘기 소년이 배우는 첫 번째 유형의 성적인 자기 절제는 이 예상치 못한 발기를 더 잘 조절하는 거야.

사정

발기를 일으키는 자극이 계속되면 정액이 요도관 속으로 이동해. 강한 근육들이 정액을 이동시켜 마침내 음경에서 분출되지. 이것을 사정이라고 하는데, 사정하면 오르가슴이라는 쾌감을 느끼게 돼. 정액과 소변 둘 다 요도를 통해 밖으로 나오지만, 동시에 음경을 통과할 수는 없어. 음경이 발기되어 있을 때는 특별한 근육들이 방광을 차단하기 때문이야.

정낭이 가득 차면 잠자는 동안 사정이 일어날 거야. 이것을 몽정이라고 해. 몸이 잠을 자는 동안 정신은 성적 흥분을 일으키는 자극적인 꿈을 경험하는 거지. 젊은 남자의 몸 안에서 호르몬 수치가 증가하면 이렇게 자연 사정이 일어날 수 있어.

때때로 젊은 남자들은 몽정을 하면 당황하거나 죄책감을 느끼는데, 그것은 지극히 자연스러운 일이야. 그의 몸이 성장하여 남편과 아버지가 될 준비를 갖추게 만드시는 하나님의 계획의 일부지.

때로는 네 또래의 젊은 여자들이 많이 궁금해하는 질문을 통해 배우는 것도 유익해. 네가 직접 답을 알아갈 수도 있겠지만, 더 좋은 방법은 어머니나 신뢰하는 어른들과 이야기를 나누는 거야. 처음에는 어색할 수 있지만, 네가 지금 경험하는 것을 잘 이해하려고 노력하는 데 그들의 지혜와 경험이 큰 도움이 될 거야.

"여자의 질이 남자의 음경에 비해 너무 작으면 어떻게 하죠?"

이것은 네가 직면하게 될 문제가 아니야. 질벽은 아기를 낳을 수 있을 만큼 탄성이 있단다. 발기된 음경은 아기에 비하면 훨씬 더 작지. 여자가 성적으로 흥분하면 질이 더 커지고 음경을 받아들이는 것을 즐겁게 하기 위해 내벽을 부드럽게 하는 질액이 분비돼.

"자위해도 괜찮나요?"

음경이나 음핵 또는 외음부를 만지는 것이 흥분을 일으키고 성적 압박감의 해소로 이어질 수 있어. 이것을 오르가슴이라고 해. 어떤 사람이 그런 쾌감을 얻기 위해 자신의 몸을 만지는 것을 자위라고 하지. 자위는 성별 불문하고 행해져.

자위에 아무 문제가 없다고 주장하는 사람과 해롭거나 죄라고 생각하는 사람이 있어. 무엇이 맞을까?

우선 하나님의 처음 설계로 돌아가보자. 하나님은 성이 남자와 여자에게 기쁨을 주도록 설계하셨어. 하지만 이 기쁨을 그들에게 '맞는' 사람과 함께 나누도록 계획하셨지. 이 사람은 결혼생활 속에서 네게 주어진 사람일 거야.

결혼생활 속에서 경험하는 모든 성적 자극과 쾌감은 죄책감을 느낄 필요가 없어. 그것은 사랑의 표현이며, 때로는 하나가 되고자 하는 강한 갈망의 표현이야. 성경이 결혼의 속성에 대해 한 몸이 되는 것이라고 말한 것을 기억하지?

하지만 어떤 사람이 자위를 할 때는 보통 다른 사람에 대해 성적인 생각을 하거나 성적인 장면이 나오는 영화나 쇼, 비디오 게임 또는 노골적인 음란물을 통해 보았던 성적 이미지를 떠올려. 성경은 자위에 대해 구체적으로 말하지 않지만, 다른 사람에 대해 정욕을 품는 것을 강하게 책망한단다. 예수님은 다른 사람에 대해 정욕을 품는 것은 간음하는 것과 마찬가지라고까지 말씀하셨어(마 5:28). 자위는 분명 우리의 말과 행위에 있어 성적으로 순결하고 품위 있는 삶을 살아야 한다는 계명의 의미에서 벗어난 거야.

그러면 누군가는 음란물을 보거나 음욕을 품지 않고도 자위할 수 있다고 말하겠지. 이것도 잘못된 것일까?

하나님의 훌륭한 설계를 다시 생각해봐. 하나님은 남자와 여자가 서로 보완하도록 만드셨고, 그들의 성적 기관이 서로 협력하여 배우자에게 기쁨을 주고 새 생명을 탄생하도록 설계하셨어. 성경 어디에서도 하나님은 자기 자신을 위해 살라고 명령하지 않으셔. 이것은 성생활에서도 마찬가지야. 자위는 자신의 쾌락을 위한 행위이며, 다른 누구도 필요로 하지 않아. 따라서 성생활에 대한 하나님의 계획에서 빗나간 것이지.

또한 자위가 쉽게 습관화될 수 있다는 염려가 있어. 자위가 습관이 되면, 실제로 그 사람은 다른 사람과 상관없이 성적 쾌감을 얻도록 스스로 길들이는 거야.

의학적으로 자위는 자기 학대가 되지 않는 이상 해롭지 않아. 의학 권위자들은 빈번하거나 거친 자위가 피부 자극을 일으키는 것을 제외하면, 사실상 자위가 신체에 해로운 영향을 미치지 않는다는 데 동의해. 그리고 오늘날 우리 문화는 보통 자위를 가볍게 여기며, 다들 그렇게 하고 있으니 괜찮다는 눈짓을 보내지.

하지만 이런 강력한 신경화학물질의 방출이 자위를 멈추는 것을 얼마나 어렵게 만드는지 생각해봐. 그 신경화학물질이 일으키는 좋은 느낌은 빠른 감정적 흥분으로 이어지고, 이것은 충동이나 심리적 중독이 될 수 있어! 결국 우리의 생각을 점령하고 일상 활동이나 계획에 방해가 되고 말 거야.

따라서 자위는 우리가 성이라는 선물을 활용하는 데 필요한 하나님의 계획이 아니야. 하나님은 우리의 성적 행위를 서로 간의 사랑과 결혼생활의 헌신 속에서 배우자와 함께 나누도록 계획하셨어.

"모든 사람이 자위를 하는 것 같은데, 왜 저는 안 되나요?"

자위에 대한 유혹을 느끼거나 이 유혹에 넘어간 적이 있니? 그렇다면 네가 느끼는 죄책감은 성에 대한 하나님의 선한 계획과 몸으로 하나님을 영화롭게 하지 못한 것을 이해하고 있다는 뜻임을 인정하렴.

즉시 예수님께 돌아가 용서를 구해. 용서는 주님이 누구에게나, 모든 죄에 대해 거저 주시는 은혜야. 그리고 이 유혹을 뿌리치고 극복할 수 있는 능력을 구하렴. 하나님의 선한 계획과 결혼생활 속에서 경험할 놀라운 기쁨에 초점을 맞추길 바라. 주님 안에서 강해지렴!

성적 욕구를 제어하는 법을 배우는 것은 쉽지 않아. 하지만 우리는 순결을 지켜야 해. 순결이란 자신을 깨끗하게 지키고 성적 욕구를 올바르게 정돈한다는 뜻이야.

순결한 사람은 성생활의 경건한 의미와 목적을 이해하고 자신의 욕구를 그 진리에 맞추려고 노력해. 순결은 평생의 헌신이야. 금욕과 달리, 순결은 결혼한다고 해서 끝나는 것이 아니야. 너는 단지 너 자신의 필요를 위해 남편을 이용하는 것이 아니라, 여전히 순결한 동기를 가지고 남편에게 다가가고 그의 유익을 위해 애써야 할 거야. 네가 경험하게 될 가장 크고 깊은 즐거움 가운데 하나는 남편과 함께 나눌 수 있는 순결하고, 강렬하며, 자기희생적인 사랑일 거야. 네가 젊은 여자로서 이기적인 사랑을 실천한다면 이런 일은 일어나지 않겠지.

여기 자위의 유혹이나 습관을 극복하기 위한 몇 가지 방법이 있어.

첫째, 스포츠나 취미활동같이 다른 사람과 함께하는 활동에 더 많은 시간을 보내봐. 네 흥미를 끌고 다른 사람들과 함께하는 것이면 뭐든 좋아. 운동은 네 기분을 좋게 하는 엔도르핀을 방출시켜. 또한 자원봉사 활동을 통해 하나님의 사랑을 나눔으로써 만족감과 사랑을 발견할 수 있어.

둘째, 성적인 자극을 일으키는 사진이나 책, 대화를 피해.

"형제들아 무엇에든지 참되며 무엇에든지 경건하며 무엇에든지 옳으며 무엇에든지 정결하며 무엇에든지 사랑받을 만하며 무엇에든지 칭찬받을 만하며 무슨 덕이 있든지 무슨 기림이 있든지 이것들을 생각하라"(빌 4:8).

하나님의 세계 안에 있는 모든 흥미롭고 재미있고 아름다운 것과 사람을 생각하렴. 무엇보다 하나님께 유혹을 뿌리칠 힘과 능력을 달라고 기도하자.

> 사람이 감당할 시험밖에는 너희가 당한 것이 없나니 오직 하나님은 미쁘사 너희가 감당하지 못할 시험 당함을 허락하지 아니하시고 시험 당할 즈음에 또한 피할 길을 내사 너희로 능히 감당하게 하시느니라 고전 10:13

"저는 가슴이 납작한데 친구들은 가슴이 커요. 제게 무슨 문제가 있는 것일까요?"

신체 변화는 각 사람의 개인적인 생체 시계에 따라 일어난단다. 그래서 만 16세의 어떤 아이들은 어른처럼 보이지만, 또 어떤 친구들은 어린

이처럼 보이지. 설령 네가 다 자란 후에도 여전히 다른 여자들보다 가슴이 작더라도 괜찮아.

우리는 모두 다르단다. 많은 사람이 자신이 그 자체로 사랑스럽고 다정한 사람이라는 것을 깨닫기 전까지는 자신의 신체적 특징에 대해 불만을 품어. 하나님은 우리에게 각기 다른 능력을 주신 것처럼, 신체적으로 우리를 다 다르게 만드셨어.

"왜 많은 사람이 몸의 성적인 부분을 더럽다고 생각할까요?"

많은 사람이 우리 각 사람이 얼마나 정확하고 놀랍게 만들어졌는지에 대해 진지하게 생각하려 하지 않아. 하나님은 의도를 가지고 직접 우리 몸을 설계하셨어. 특별히 남자와 여자로 만드셨고, 몸의 모든 부분은 결혼생활 속에서 완전해질 거야.

최초의 부부인 아담과 하와는 완전히 발가벗고도 서로 부끄러워하지 않았어. 그러나 죄가 세상에 들어오자 수치심과 죄책감, 그리고 연약함을 드러내는 것에 대한 두려움이 생겼지. 그 이후로 우리는 자신의 몸에 대해 다르게 느꼈고 자신의 실제 모습을 하나님의 선물로 바라보기가 더 어려워졌어.

우리 문화는 우리 자신의 몸과 성생활에 대한 우리의 인식에 영향을 미쳐. 문화가 성을 숭배하는 것처럼 보여도, 사실상 성을 흔한 것, 동물적 본능이나 욕구 또는 원하는 것을 얻기 위해 이용하는 도구로 만듦으로써 그 가치를 떨어뜨리고 있어.

여자들은 종종 성적으로 허용적이고 남자들의 성적 욕구의 대상으로 그려져. 이것은 사람들이 잘못된 여성관을 갖게 해. 그리고 남자들은 종종 많은 여자와 동침을 하고 한 번에 몇 시간씩 성관계를 가질 수 있어야 남성적인 것이라고 착각해. 이것은 남자들을 깎아내리며 성적인 행위에 대해 매우 낮은 기준을 갖게 만들지. 사실상 남자들을 짝짓기 본능을 제어하지 못하는 동물과 동일시하는 것과 다름없는 거야.

그러나 우리는 청소년기부터 노년기까지 자제력을 발휘할 수 있고 또 자제하고 있어. 어떤 이들에게는 그런 절제가 단지 개인의 원칙이나 건전한 건강의 문제일 수 있어. 하지만 그리스도인에게 그것은 우리를 자녀로 삼아주신 하나님께 감사하는 마음으로 성적으로 순결하고 품위 있는 삶을 살고자 하는 열망이야. 하나님의 계획대로 살면 도덕적으로 바르고 신체적으로 더 건강한 삶을 살게 되는 유익이 더해져.

안타깝게도, 어떤 그리스도인 부모들은 자녀들과 성에 대한 대화를 회피함으로써 성이 입에 올려서는 안 되고 부적절한 것이라는 인상을 줘. 아마도 그 부모들은 단지 성에 대해 이야기하는 것이 불편했을 뿐인데, 그것이 의도치 않게 성은 비밀스럽고 부끄러운 것이라는 인상을 주었을 수 있어.

이 책의 4장에서는 문화가 성에 대해 거짓말하는 다른 몇 가지 방법을 살펴볼 거야. 이 내용은 네가 경건한 생각을 지킬 수 있도록 격려해 줄 거야.

CHAPTER 3
성과 건강

하나님의 계획 묵상하기

그러므로 우리는 긍휼하심을 받고 때를 따라 돕는 은혜를 얻기 위하여 은혜의 보좌 앞에 담대히 나아갈 것이니라 히 4:16

이런 말들을 들어봤니?

- 마약을 복용하는 것은 그렇게 나쁘지 않아. 긴장을 푸는 데 도움이 돼.
- 파티에서 술을 마시는 것은 별일 아니야.
- 어떻게 아직 처녀야? 다른 사람들은 모두 남자친구와 성관계를 해.
- 네가 우리보다 더 낫다고 생각하니?

너는 이런 분위기 속에서 마약과 음주, 성관계를 해도 괜찮다고 생각하기 쉬워. 너는 다른 사람들과 어울리기를 원하고 사람들이 너를 좋아해주기를 원하기 때문에 마음속에서 네 말과 행동들을 정당화해.

'우리는 다 그래!'

그러나 마음속 깊은 곳에서는 잘못이라는 것을 알아. 너는 잊지 않았어. 다만 지금은 잊은 척 지내는 것이 더 편할 뿐이야. 네 삶 속에는 많은 압력이 있지. 주위 사람들이 다 이렇게 지내고 있다면, 그들은 정말 잘못하고 있는 것일까? 그렇더라도 그냥 따르고 싶은 유혹이 클 거야.

예수님은 그런 우리를 이해하셔! 예수님은 모든 면에서 유혹을 받으셨기 때문에 우리의 약함을 이해하시지. 그분은 참으로 인간이셨어. 하지만 또한 하나님이셨고, 우리를 위해 유혹을 이기셨어!

죄가 없으신 예수님은 너를 대신해 온전한 제물로 십자가에서 돌아가셨어. 네 죄를 용서하기 위해 이 일을 하신 거지. 그것이 우리가 포기하고 유혹에 굴복해도 괜찮다는 뜻일까? 아니야. 다만 네가 주님께 도움을 청할 수 있다는 뜻이란다. 우리는 확신을 가지고 주님께 나아가 도움을 청할 수 있어. 주님은 네게 때를 따라 돕는 은혜를 주실 거야. 주님이 직접 경험하셨고, 너를 위해 모든 유혹을 이기셨기 때문이지.

기도 사랑하는 예수님, 이 땅에 오셔서 저를 위해 죄 없는 삶을 살아주셔서 감사합니다. 제가 죄를 지을 때에라도 용서해주시고 매일 유혹을 뿌리칠 힘을 주세요. 주님의 자비와 은혜를 생각하게 하옵소서. 예수님의 이름으로 기도합니다. 아멘.

성과 결혼생활에 대한 하나님의 영광스러운 계획에도 불구하고, 많은 사람이 이 계획을 회피할 수 있고 그래도 아무 영향이 없을 것이라고 생각해. 이유가 무엇일까? 우리 문화 속 많은 메시지가 사람들에게 무엇이든 하고 싶은 대로 하고, 마음껏 먹고 즐기라고 부추기기 때문이야. 하지만 이것은 하나님이 우리를 창조하신 목적이 아니야.

우리의 삶을 향한 하나님의 계획에 대한 혼란은 성에 대한 혼란으로 흘러가. 누군가 이런 말을 하는 것을 들어보거나 아니면 이런 생각을 해 본 적이 있니?

예 아니오

☐ ☐ 경험을 위해 결혼 전에 성관계를 가질 필요가 있어. 결혼했는데 제대로 못하면 어떻게 해?

☐ ☐ 내가 너무 뚱뚱하고 못생겨서 아무도 날 사랑하지 않을 거야.

☐ ☐ 술을 조금 마시면 좀 더 재미있고 흥겨운 사람이 될 거야.

☐ ☐ 좋은 사람들은 성병에 걸리지 않아.

☐ ☐ 구강성교와 항문성교는 실제 성교가 아니야.

☐ ☐ 결혼하지 않고 같이 사는 게 실제로 그렇게 나쁜 것은 아니야. 그렇지 않니? 많은 사람이 동거를 하는 것 같아.

☐ ☐ 순결을 잃어도 다시 회복될 수 있어.

이는 모두 진실이 아니야. 하지만 너무 일반적인 생각들이라 각각에 대한 올바른 정보가 필요해.

팩트 체크

'무경험'에 대한 논란

오해 1 "경험을 위해 결혼 전에 성관계를 가질 필요가 있어. 결혼했는데 제대로 못하면 어떻게 해?"

일부 젊은 사람들은 결혼 전 성경험이 없으면 결혼생활에서 성관계를 갖는 것이 어색하거나 좋지 않을까 봐 걱정해. 하지만 이것은 사실이 아니야!

사람들은 상대와 서로 맞춰나가는 경험을 통해 성관계하는 법을 배워. 하지만 경험이 없는 두 사람은 결혼하고 나서 아무 수치심이나 죄책감 없이, 어색함이나 경험이 없는 것에 대한 두려움 없이 함께 배울 수 있어. 상대방을 배려하며 서로 만족시키는 경험이 쌓이면서 부부의 성적 친밀감도 더욱 향상될 거야. 안전한 결혼생활의 헌신 속에서 경험하는 깊은 친밀감은 두 사람이 항상 서로의 필요와 욕구를 이해한다는 믿음을 주지. 이것은 결혼생활 밖에서는 할 수 없는 일이란다.

결혼생활 안에서는, 비록 첫 번째 성관계가 가장 놀라운 성적 경험이 아니더라도 그것이 관계에 영향을 끼치거나 관계가 끝나지 않을 것이라는 편안한 믿음이 있어. 상대방의 경험에 대한 관심과 배려가 있기 때문이야. 이것은 결혼생활 밖에서 이루어지는 좀 더 일시적이고 이기적인 성관계가 따라갈 수 없는 수준의 배려야. 표현하는 사랑, 남편과 아내가 함께 나누는 인내심, 서로를 기쁘게 해주려는 갈망이 결혼생활 안에서의 성관계가 갖는 특성들이란다.

깊은 만족을 주는 성적 관계는 단지 육체적인 결합 이상을 의미해. 서로를 향한 사랑에 헌신하기로 맹세한 두 사람 간의 풍부한 감정적, 정신적, 영적 결합을 포함하지. 그러한 결합은 결혼생활 밖에서는 참되고 온전하게 이룰 수 없어. 하나님께서 결혼하지 않은 사람들의 결합을 축복하지 않으시거든.

한 젊은 남자가 여자친구에게 이렇게 말하는 장면을 상상해보렴.

“사랑하는 너와 지금 성관계를 갖고 싶어. 하지만 결혼할 만큼 너를 사랑하겠다고 장담하거나 약속하지는 못해. 남은 생애를 함께하겠다

고 맹세할 수도 없어. 그렇지만 우린 성에 대해 많이 배울 수 있을 거야."

이렇게 솔직하게 말한다면 그녀는 무슨 생각이 들까? 우리 대부분은 그렇게 말할 정도로 무신경하지는 않을 거야. 하지만 우리가 결혼생활 밖에서 성적 경험을 하려고 한다면 바로 그렇게 말하는 거야. 우리는 성적 파트너가 평생 함께하기로 약속할 사람은 아니라는 것을 인정하면서도 다만 적절한 사람이 나타날 때까지 경험을 위해 그 사람을 이용하기 원하는 것이지.

그리스도를 통해 우리는 새로운 피조물이 된단다. 네가 지금 성적인 관계를 맺고 있다면, 예수님을 통해 죄 사함을 받는다는 것을 기억하렴. 모든 죄인은 회개하고 용서받기 위해 그리스도께 나아가지. 그리고 용서받은 것에 감사하여 성령의 능력으로 이제 성적으로 순결하고 품위 있는 삶을 살며 자신의 몸으로 하나님을 높여 드리기 위해 노력해.

'외모'에 대한 논란

오해 2 **"내가 너무 뚱뚱하고 못생겨서 아무도 날 사랑하지 않을 거야."**

네가 사랑스러운 사람이 되려면 먼저 하나님께 사랑받아야 해. 그런데 이미 너는 하나님께 사랑받고 있어. 하나님은 직접 너를 만드셨고, 너를 구속하기 위해 죽으셨으며, 네게 하나님을 향한 믿음을 주셨단다.

하나님이 너를 사랑하시기 때문에 너는 다른 사람을 사랑할 수 있어(요일 4:19). 하나님이 네게 조건 없는 무한한 사랑을 부어주시기 때문에 매일 너는 사랑스러운 사람이 될 수 있어. 하나님은 그분의 말씀인 성경에 이 사실을 계시해주시지. 기쁨과 확신 가운데, 친절한 행동과 사려 깊은 말과 격려로 네 가족과 친구를 섬기렴.

언젠가 너를 사랑하고 위로하고 도와주고 이끌어주면서, 또한 너를 갈망할 남편을 그렇게 섬길 기회가 있을 거야. 지금은 네 안에 인내와 확신을 달라고 기도하고, 주변 사람을 섬기고 사랑할 기회를 달라고 기도하렴. 하나님의 사랑을 다른 사람과 함께 나누는 것은 동시에 네게도 복이 될 거야!

무엇이 너를 사랑스럽게 만드는지 알고 싶을 때, 부모님께 다가가는 것이 종종 큰 도움이 돼. 네 가족은 너를 사랑하고, 네가 육체적, 정서적, 영적으로 가장 건강한 사람이 되기 위해 노력할 때 너를 지지해줘. 네 부모님은 하나님이 만드신 모습 그대로 너를 받아들이고 사랑해주신단다. 네가 삶 속에서 다른 사람들을 섬기기 위해 하나님의 설계대로 만들어졌다는 것을 알아갈 때, 가족의 조언과 위로의 말을 믿으렴.

지금 너는 딸이자 자매, 친구이며 언젠가는 여자친구나 아내가 되겠지. 아무 염려나 걱정 없이 너를 위한 하나님의 계획이 펼쳐지게 하렴. 하나님이 너를 사랑하시니 너 자신을 사랑해. 그것은 매우 간단한 일일 수 있단다.

'술과 마약'에 대한 논란

오해 3 "술을 조금 마시면 좀 더 재미있고 흥겨운 사람이 될 거야."

다른 사람과 육체적, 정서적으로 행복한 관계를 형성하는 일은 쉽지 않아. 사람들이 술이나 마약이 좀 더 쉽게 관계를 맺도록 도와줄 것이라고 믿는 것도 놀라운 일이 아니지.

하지만 의학적으로 술은 흥분제가 아니라 진정제야. 왜 여자는 실제로는 에너지가 없는데 술을 통해 자신이 생기 있어질 것이라고 생각할까?

술은 제일 먼저 생각과 판단을 조절하는 뇌 영역에 영향을 미쳐. 네가 좀 더 편안하게 느끼도록 만들어주지만, 네 사고를 흐릿하게 하고 현명한 판단을 내릴 능력을 저하시킬 거야.

만약 어떤 사람이 너를 함정에 빠뜨려(혹은 너 스스로 함정에 빠지기 원해서) 네가 정신이 멀쩡할 때는 결코 하지 않을 선택을 하게 만들려 한다면, 네게 술을 마시도록 권장할 거야. 그러나 우리 대부분은 이런 상황에서 어떤 종류의 새로운 관계도 시작하지 않을 거야.

또한 지나친 음주는 남자를 일시적으로 무력하게 만들 수 있어. 대개는 발기가 안 되거나 유지되지 않기 때문에 성교를 할 수 없게 만들어. 그 문제는 술에서 깨면 대체로 사라지지만, 장기적인 음주 습관과 연관이 있다면 영구적인 문제가 될 수도 있어.

하나님의 말씀은 그리스도인들이 술에 취할 필요가 없다는 것을 상기시켜줘. 우리에겐 더 나은 대안이 있어.

술 취하지 말라 이는 방탕한 것이니 오직 성령으로 충만함을 받으라 엡 5:18

많은 사람이 대마초 같은 마약을 성적 흥분제로 잘못 믿고 있어. 하지만 실제로 대마초는 한 사람의 현실 인식을 왜곡시켜. 대마초나 다른 불법적인 약물 사용은 인위적인 감정을 만들어내는데, 그것은 너를 속여 너 자신과 다른 사람들과 주변 세상에 대해 사실이 아닌 것을 믿게 만들 수 있어.

마약은 너를 더 행복하게 만들어주지 않아. 너를 더 재미있는 사람으로 만들어주지도 않아. 사실 마약을 사용하는 것은 네 몸과 마음을 학대하는 거야.

어느 연구에서 대마초를 하는 남자들이 그렇지 않은 남자들보다 생식 불능일 확률이 더 높다고 밝혔어. 또 다른 연구는 심한 대마초 흡연과 정자의 감소, 남성 호르몬인 테스토스테론의 감소 사이에 분명한 연관성이 있음을 발견해냈어.

에베소서 5장 18절을 다시 읽어보렴.

"술 취하지 말라 이는 방탕한 것이니 오직 성령으로 충만함을 받으라."

이 말씀은 대마초나 다른 해로운 약물을 사용하려는 유혹에 직면할 때 떠올리면 좋은 말씀이야. 마약이나 술을 마셔보려는 유혹을 느낀다면 다음 질문을 주의 깊게 생각해보렴.

"너의 삶은 하나님께 헌신하고 있니, 아니면 너 자신에게 헌신하고 있니?"

대마초를 사용하는 것은 자기만 일시적으로 만족시킬 뿐, 종종 다른 사람들을 희생시키지. 음주도 마찬가지야. 죄를 짓도록 유혹하는 일들에 가담하는 것은 우리를 하나님으로부터 훨씬 더 멀어지게 만들어.

마약이나 술은 종종 네가 회피하려는 문제를 가리는 역할을 해. 그 문제가 너 자신이나 타인이나 혹은 하나님에 대한 불확실성이든, 가족 간의 갈등이든, 그 문제나 갈등을 해결하기 위해 부모님이나 목사님, 기독교 상담가를 찾고 대화를 나누고 싶었을 거야. 하지만 마약이나 술은 비록 잠깐이지만 고통의 일부를 가려주기 때문에 처음에는 해결책처럼 보일 수 있어. 그러나 고통을 누그러뜨리거나 문제를 회피하는 데 사용된 마약이나 술은 너를 통제하기 시작할 거야. 이것이 많이들 중독되는 이유란다.

이때 너는 힘든 시간을 이겨내기 위해 교회 공동체에서 필요한 도움을 받을 수 있어. 그리스도인들과 함께 이야기를 나누고 함께 일하는 것은, 하나님과 네 몸에 대한 그분의 계획을 존중하는 선택과 행동을 하도록 도와줄 거야. 또한 네가 갈망하는 의미 있는 관계를 발견하도록 도울 거야.

'성병'에 대한 논란

오해 4 "좋은 사람들은 성병에 걸리지 않아."

성병은 대개 친밀한 성적 접촉에 의해 사람에게서 사람으로 전염돼. 따라서 네가 좋은 사람이든 아니든 아무 상관이 없어! 만일 네가 결혼 전에 다수의 상대와 성관계를 갖는다면 성병에 걸릴 위험이 크게 높아질 거야.

성병을 예방하는 유일한 방법은 한 사람, 곧 미래의 네 남편과만 성관계를 맺는 거야. 그 또한 결혼할 때까지 순결을 지킴으로써 자신의 몸에 대한 하나님의 계획을 존중해왔기를 기도하렴. 물론 결혼 후에는 너와 남편은 서로에게 충실하여 성병에 걸리는 것을 방지할 거야.

성병의 여러 유형에 대해 더 알기 원한다면, 이 책 뒷부분의 '성병'에 대한 설명을 참고해. 많은 성병이 평생 지속될지도 모르는 결과들을 초래하지. 불임을 가져오거나 심지어 치명적인 죽음을 부를 수도 있어. 오늘날 사회에서 성병이 얼마나 흔하게 발생하는지 아는 것이 매우 중요해.

'구강성교와 항문성교'에 대한 논란

오해 5 "구강성교와 항문성교는 실제 성교가 아니야."

구강성교와 항문성교는 실제로 성적인 행위야. 한 사람을 오르가슴에 이르게 하는 성적 행위를 묘사하는 데 사용되는 용어들이지. 이것은 남성과 여성의 결합에 대한 하나님의 계획 밖에 있어. 남자와 여자의 몸이 서로 결합하는 것에 관한 하나님의 계획은 선한 목적이 있는 계획이야. 하지만 죄의 결과, 사람들은 종종 자신의 쾌락을 위해 하나님의 계획을 왜곡하거나 조작하게 되었단다.

많은 십대가 구강성교와 항문성교가 실제 성교와 다르다고 생각해. 그래서 이런 행위를 하면서도 순결을 지키고 있다고 믿어. 하지만 이런 태도는 성에 대한 하나님의 계획의 진리와 그런 행위들의 결과를 무시하는 거야. 이런 행위는 둘 다 임신의 위험을 피해가지만 사실상 성적인 행위란다.

연애 중인 사람들은 성에 대한 하나님의 선한 계획에 어긋나는 모든 성적 행위를 피해야 해. 구강성교나 항문성교를 하는 것이 네 관계에 어떤 영향을 미칠지 생각해보렴. 성적 친밀함에 관해서는 '가벼운 것'이나 '비인격적인 것'이 없어. 연인관계를 끝내는 것은 결코 쉽지 않아. 네가 이런 성적 행위들을 하든 남편 외의 다른 사람과 실제 성교를 하든 분명 감정적인 영향이 남을 거야.

성교는 신뢰와 친밀감에 관한 거야. 네가 이런 유형의 육체적 친밀감을 나누었던 사람에게서 떠나는 것은 어려운 일이지. 네가 육체적으로 계속 성숙해갈 때 예배와 성경 공부와 기도를 통해 영적으로도 성장해가는 것이 중요해. 네가 이 상황에서 어떻게 행동할지 하나님의 말씀을 묵상하며 순종하기로 결정할 때, 영적 성숙을 경험할 수 있을 거야.

'동거'에 대한 논란

오해 6 "결혼하지 않고 같이 사는 게 실제로 그렇게 나쁜 것은 아니야. 그렇지 않니? 많은 사람이 동거를 하는 것 같아."

결혼하지 않고 같이 사는 것은 분명 결혼과 성에 관한 하나님의 계획을 무시하는 행동이야. 행복하고 만족스러운 삶을 위한 하나님의 뜻은 혼외 성관계의 여지를 남겨두지 않아.

동거는 하나님이 결혼 제도를 위해 계획하신 서로에 대한 헌신을 무시하는 행동이야. 간음은 창조주 하나님과 간음에 자유롭게 가담하는 남자와 여자 모두를 욕보이는 것이지.

그런데 동거가 결혼생활을 잘할 수 있을지 알아볼 기회를 준다는 주장은 어떠니? 연구에 의하면 통계상 결혼 전에 동거한 커플이 그렇지 않은 커플보다 이혼 가능성이 더 높다고 해.

동거는 또한 이런 면에서 관계에 해로워.

- 결혼 전에 동거하는 사람들은 그렇지 않은 사람들보다 문제를 해결하는 데 더 큰 어려움을 드러내.
- 동거는 개인주의적인 태도와 행위로 이어지는데, 이것은 두 사람이 사랑 안에서 서로 복종해야 하는 건강한 결혼생활에 반대되는 거야.
- 동거는 실제로 젊은 사람들에게 관계가 깨지기 쉽고 일시적인 것이라는 생각을 심어줘. 따라서 이혼에 대한 생각을 더 쉽게 받아들이게 만들지.
- 부부 관계보다 동거 관계에서 가정 폭력이 더 많이 일어나.
- 동거하는 사람들은 결혼한 부부들보다 더 자주 술에 취하고 우울증이 더 심해.
- 동거하는 사람들은 결혼한 부부들보다 바람피울 확률이 더 높아.

연구 결과는 우리 문화의 주장과는 반대로, 하나님의 결혼 계획에 담긴 유익들은 평생의 헌신과 서약을 거부하는 이기적이고 죄악된 관계들로 대체할 수 없음을 보여줘.

'순결'에 대한 논란

오해 7 "순결을 잃어도 다시 회복될 수 있어."

하나님의 계획은 남자와 여자가 자신의 배우자를 위해 성적으로 친밀한 행위들을 아껴두는 거야. 일단 남녀가 결혼 전에 결혼생활을 위해 예비된 성적 행위에 가담했으면 그들은 순결을 잃은 거야.

그런데 어떤 사람들은 결혼할 때까지 순결을 지키지만, 성적으로 불결한 생각과 욕망들로 가득 찬 마음을 제어하려고 하지는 않아. 또 어떤 이들은 순결을 잃었지만, 회개하며 순결을 간직하기를 갈망하지. 하나님은 우리의 생각과 갈망, 행동들이 성적으로 순결하기를 원하시지만, 우리는 누구도 완벽하게 살지 못해.

누구나 어떤 면에서 성에 관한 하나님의 뜻에 불순종했어. 악한 태도와 행동은 물론 성적으로 불결한 생각들도 모두 하나님의 심판과 정죄의 대상이야. 하지만 하나님께서 성과 관련된 죄들을 포함하여 모든 죄를 용서하기 위해 아들을 보내주셨어. 하나님 감사합니다!

성령의 능력으로 하나님께서는 우리에게 죄 사함을 받아 하나님 보시기에 거룩한 새사람으로 다시 시작하여 하나님을 위해 살고자 하는 열망과 능력을 부어주셔. 사도 바울은 고린도후서 5장에서 이렇게 말해.

> 그리스도의 사랑이 우리를 강권하시는도다 우리가 생각하건대 한 사람이 모든 사람을 대신하여 죽었은즉 모든 사람이 죽은 것이라 그가 모든 사람을 대신하여 죽으심은 살아 있는 자들로 하여금 다시는 그들 자신을 위하

여 살지 않고 오직 그들을 대신하여 죽었다가 다시 살아나신 이를 위하여 살게 하려 함이라 고후 5:14,15

우리는 다른 사람들에게 사랑을 표현하는 데서 기쁨과 만족을 느껴. 따라서 자신을 위해 살고 자신의 갈망을 만족시키려고 애쓸 때는 만족하지 못할 거야. 만족은 우리가 다른 사람들을 조건 없이 사랑하고, 관계를 통해 얻을 것을 바라지 않으며, 그들이 우리가 원하는 것을 해주지 않아도 사랑할 때 느낄 수 있단다.

참된 만족은 오직 예수님에게서 와. 그분은 우리를 조건 없이 사랑하시며 우리를 위해 십자가 위에서 자신의 생명을 내어주셨어. 은혜는 과분한 사랑이란다! 우리가 어떤 일을 하거나 하지 않기 때문이 아니라, 하나님의 자녀로서 우리의 존재 자체로 사랑받고 있음을 아는 것이 얼마나 큰 위로가 되는지 몰라.

CHAPTER 4

여자가 되기 위한 도전

하나님의 계획 묵상하기

오직 마음에 숨은 사람을 온유하고 안정한 심령의 썩지 아니할 것으로 하라 이는 하나님 앞에 값진 것이니라 벧전 3:4

너는 누구니? 너를 지금의 너로 만드는 것은 무엇이니? 세상의 많은 사상은 유행하는 옷이나 화장법이 너를 규정한다고 말해. 축구나 쇼핑처럼 네가 좋아하는 것들로 너를 규정하지. 또한 네가 저지르는 실수들과 네가 경험하는 슬픈 일들로 너를 규정해. 즉 너의 외적인 요소를 기반으로 네가 누구인지를 결정하는 거야.

하지만 세상은 최종 결정권자가 아니야. 하나님은 너의 치장이 외적 요소에 근거하지 말아야 한다고 말씀하셔. 네가 지금의 너인 것은 하나님이 하신 일 때문이야. 예수님은 고난과 죽음으로 우리를 구속해주셨고, 부활하심으로 마귀를 이기셨어. 우리가 세례를 받을 때 하나님은 우리를 하나님의 딸로 부르셨고 마귀와 세상의 거짓말로부터 자유롭게 해주셨지. 언제나 우리의 창조주이신 하나님, 예수님, 성령님을 믿는 사람으로서 너의 정체성을 발견하렴.

기도 하나님, 제가 하나님을 믿는 사람이 되게 해주셔서 감사합니다. 언제나 성령님께 도움을 구하며, 믿음의 갑옷을 입고 다른 사람들을 섬길 수 있도록 도와주세요. 예수님의 이름으로 기도합니다. 아멘.

오늘날의 문화 속에서 젊은 여자로 산다는 것이 무엇을 의미하는지 깊이 생각해본 적이 있니? 이것은 중요한 질문이야. 네 삶의 많은 부분이 이 질문에 어떻게 대답하는지에 달려 있을 거야.

우리 문화는 여성스러움의 의미에 대해 나름의 사상을 가지고 있어. 인기 TV 프로그램을 보면 여성스러움은 매혹적이고 섹시한 것을 의미한다는 것을 알게 될 거야. 대중적인 노래 가사를 곧이곧대로 받아들인다면 여성스러움은 많은 남자와 잠자리를 가지면서 그들 중 누구에게도 헌신하지 않는 것을 의미한다고 생각할지도 몰라. 여성 잡지를 읽으면 진정한 여자는 오로지 옷과 신발과 가방과 화장품에 돈을 쓴다고 생각하겠지.

너는 자라면서 여성들에 대한 이런 묘사가 현실적인지, 혹은 건강한 것인지 스스로 물었을 거야. 하지만 아마도 넌 여전히 이런 고정관념에 맞추려고 애쓰고 있을걸. 대중문화의 흐름을 거슬러 가는 건 어려운 일이니까. 모든 사람이 화려한 삶을 살기 원하는 것 같아.

과거에는 여자가 되는 길이 아주 분명했어. 어린 소녀들은 엄마가 집에서 요리하고, 청소하고, 잡다한 집안일들을 하는 것을 보면서 도왔어. 지금 우리가 아는 데이트는 사실상 존재하지 않았지. 주로 부모들이 가정환경이나 가족을 이룰 능력이 있는지를 보고 젊은 사람들 간의 결혼을 주선했거든. 소녀가 스스로 충분한 책임을 지기 시작하면 여자로 간주했단다.

우리는 과거를 돌아보면서 과거에 살지 않았던 것을 다행으로 생각할 거야. 확실히 과거의 삶은 고난과 어려움이 가득했으니까. 하지만 오늘날 젊은 여자들에게도 여전히 고난과 어려움이 있어.

이번 장에서는 문화가 성에 대한 우리의 인식과 젊은 여성에 대한 생각에 미치는 영향을 살펴보는 시간을 가져보자.

미디어 속의 성

먼저 미디어의 영향을 생각해보자. 얼마나 많은 TV 프로그램이 자기 자녀들에게 지극한 관심을 쏟는 사랑 많은 부모의 모습을 보여주니? 또한 얼마나 많은 영화가 다른 사람과 성관계를 갖지 않는 충실한 남편과 아내 또는 결혼할 때까지 성관계를 갖지 않고 기다리는 독신자들을 보여주니? 대중음악은 성이란 주제를 어떻게 다루니?

다음과 같은 매체 속에서 너는 성에 대한 어떤 태도를 보니?

- 네가 읽는 책이나 잡지
- 가장 최근에 본 영화
- 네가 제일 좋아하는 TV 프로그램
- 네가 듣는 음악
- 인터넷에서 보는 이미지
- 비디오 게임에 나오는 남녀의 과장된 몸매

이런 매체들은 비록 불완전하고 연약하지만 가치관을 가진, 책임감 있고 성적인 사람들을 보여주니? 아니면 여자들의 겉모습이나 말과 행동에 대해 비현실적인 이미지들을 보여주니? 매체 속 이야기들은 사랑하는 두 사람 사이의 신뢰와 소통, 배려에 대해 말하니? 아니면 인생을 즐기는 가장 좋은 방법으로 육체적인 매력과 헌신의 결핍을 강조하니?

우리의 문화 속 대부분의 미디어는 가장 낮은 수준의 성숙함과 지성을 목표로 삼는 듯해. 성을 가볍거나 비인격적인 행동으로 묘사하는 글과 영상들로 계속해서 우리의 마음을 채운다면, 우리 자신의 도덕적 가치관을 유지하고 지속적인 사랑의 관계를 발전해나가기가 어렵다는 것을 알게 될 거야.

반면에 우리는 실제 두 사람 사이의 성장하는 관계를 정직하게 묘사하는 미디어에서 배울 수 있어. 물론 그 사람들의 행동 방식에 동의하지 않더라도 말이야. 우리는 사람들이 가벼운 성적 관계들 속에서 상처를 받는다는 것, 여자의 몸은 사이즈와 상관없이 소중히 여김을 받아야 한다는 것, 남자들은 사려 깊게 보살피고 부양하는 사람이 될 수 있다는 것 등을 배울 수 있어.

하지만 때로 가장 좋은 예는 나쁜 예가 되어버려. 네가 보고 듣는 미디어에 대해 비판적인 태도를 가지렴. 그것을 그리스도인으로서 너를 향한 하나님의 계획과 비교해보고, 하나님의 말씀이 계속해서 네 결정을 위한 지침이 되도록 해.

미디어의 교묘한 메시지

영화나 TV 프로그램에서, 모두가 그렇게 살기 때문에 결혼생활 밖에서 성관계를 맺어도 괜찮다고 암시하는 것을 본 적이 있니? 자신의 가치관에 대해 깊이 생각해보지 않은 사람에게 이 교묘한 메시지가 어떤 영향을 줄까?

"성을 판다"라는 말을 들어보았니? 그것이 많은 책이나 TV 프로그램, 영화에 베드신이 등장하는 이유를 설명하는 데 도움이 될까? 특정 제품이 너를 더 섹시하거나 매력적으로 만들 것이라고 암시하는 광고는 어떠니?

이제 중요한 질문을 다시 너 자신에게 던지고 정직하게 대답해보렴. 네가 성을 이해하는 방식은 문화적인 영향을 얼마나 많이 받았니?

너는 그리 많은 영향을 받지 않았다고 생각할 거야. 실제로 대부분의 젊은이는 개인적으로 자신이 소비하는 미디어의 영향을 많이 받는다고 생각하지 않아.

하지만 그들 중 대부분은 자기 친구들은 문화의 영향을 많이 받고 있다고 믿어. 연구에 의하면 이십대 중반에 들어선 성인들도 미디어가 보여주는 성의 영향을 상당히 많이 받는다고 해.

성에 대한 우리의 생각이 문화의 영향을 받는다면 아마 여성스러움에 대한 우리의 인식도 그와 비슷하게 영향을 받을 거야.

그렇게 생각하지 않니? 요즘 젊은 사람들 사이에서 끊임없이 데이트를 하는 것, 장기적인 헌신이나 결혼이라는 현실적인 목표 없이 여러 명의 이성을 만나고 다니는 것은 흔한 일이야. 또 다른 일반적 관행은 처음 만난 사이에 성관계를 갖는 것, 오로지 성적 쾌락을 위해 상호작용을 하는 것이지. 젊은 그리스도인들도 종종 가벼운 싱글생활을 더 오래 누리기 위해 결혼을 미뤄.

성인이 되었을 때 가볍게 성관계를 갖거나 여러 남자친구를 만나면서 세월을 보내는 것이 네 목표니? 아니면 너의 모든 좋은 자질을 사랑해주고 약점을 품어주는 남자와 평생 헌신적인 관계를 맺기를 갈망하니?

미래의 관계 속에서 무엇을 갖기 원하는지 생각해보면, 네게 지금 성관계를 가져야 한다고 말하거나 당분간은 이 남자로 충분하다고 말하는 문화의 압력에 더 잘 대처하는 데 도움이 될 거야.

성 정체성을 흔드는 문화의 메시지

"동성에게 마음이 끌리면 어떻게 하죠? 제가 게이나 레즈비언이라는 뜻인가요?"

많은 젊은이가 자기 안에 있을 것 같은 동성애적 성향이나 과거에 있었던 동성애적 행위에 대해 불필요한 걱정을 해. 그들은 한두 번 정도 동성의 누군가와 접촉하거나 다른 성적인 상호작용이 있었던 경험이 있을 거야. 하지만 이런 경험들이 있다고 해서 그가 게이나 레즈비언 또는 양성애자라는 의미는 아니야.

동성에게 우정에서 비롯된 깊은 애착을 갖는 것은 정상적인 거야. 예를 들어 다윗과 요나단(삼상 18장 참조)은 서로를 진심으로 사랑했는데, 이는 그들이 사랑하는 여자에게 갖는 일반적인 성적 관심과 전혀 다른 것이었어.

우리는 동성인 선생님이나 다른 누군가를 존경해. 누군가를 매우 존경하고 그 사람과 가까이 있기 원하는 것은 정상적인 거야. 종종 이 존경심은 네가 직업의 방향을 발견하는 데 도움이 돼.

너 자신을 동성애자로 낙인찍지 말아야 해. 만일 이것에 대해 걱정하고 있다면, 먼저 네 염려를 하늘에 계신 아버지께 털어놓으렴. 너 자신의 감정이나 동성에게 끌리는 마음이 아니라, 하나님께 뿌리와 기반을 둔 건강한 정체성을 기를 수 있도록 도움을 구하는 거야. 그다음에 부모님이나 목회자 또는 신뢰하는 리더에게 네 감정에 대해 이야기해보렴.

이성의 구성원들에게 편안함을 느끼기까지 오래 걸리는 경우가 종종 있어. 너 자신에 대해 인내하렴. 너만 거절을 두려워하는 것이 아니라는 것을 기억해. 다른 사람들도 너와 같이 불안을 느껴. 너의 성에 대해, 즉 네 여성성에 대해 좀 더 편안해지도록 하나님께 도움을 구하렴. 하나님이 도와주실 거야.

"동성애란 무엇인가요?"

동성애는 동성을 향해 성적인 매력을 느끼는 것부터 동성과 성적인 행위를 하고 게이나 레즈비언의 정체성을 띠는 것까지, 많은 영역을 포괄하는 광범위한 용어야.

하지만 동성에게 매력을 느끼거나 동성애적 행동을 하는 많은 사람이 자신을 게이나 레즈비언으로 부르지 않아. 어떤 사람들은 어느 기간 동안 동성애적 성향이나 행동을 보이다가도 나중에 그런 성향이 줄어들거나 사라진단다.

동성에게 매력을 느끼는 많은 사람이 하나님의 도우심으로, 하나님의 말씀을 위반하는 성적 행위를 하지 않기로 선택하지. 그들은 동성에게 끌리는 마음과 계속 씨름하더라도 순결하게 살기로 선택하는 거야.

“성경은 동성애에 대해 뭐라고 말하나요?”

성경은 친밀한 성적 표현이 결혼생활 내에서 한 남자와 한 여자 사이에 있어야 하는 것이라고 분명히 말해. 남자와 여자는 상호보완적이며, 그들이 결혼하여 연합할 때 한 몸이 되고 그 안에서 생명이 잉태될 수 있어. 두 남자나 두 여자 사이에서 이런 신체적 결합이 있을 수 없고, 생명을 잉태할 수도 없어. 로마서 1장은 동성애적 행위가 인간의 죄악의 결과 중 하나라고 가르쳐. 성경 어디에도 동성애적 행위나 동성 간의 결혼을 인정하는 부분은 없어.

성경은 동성애적 행위(그리고 다른 성적인 죄)가 하나님의 말씀과 뜻에 위배된다고 가르쳐. 이유가 무엇이든 간에 또 개인의 성적 성향이 고의적인 선택이 아니라 하더라도, 동성애적 성향은 하나님의 계획의 일부가 아니야.

반면에 미디어는 동성애적 라이프 스타일에 대한 폭넓은 수용을 보여주지만, 동성애와 씨름하는 현실의 많은 젊은이는 여전히 높은 수준의 배척을 경험하며 고도의 우울증을 앓고 자살을 시도하거나 불법적인 약물을 복용할 가능성이 더 높아.

그리스도인으로서 우리는 이 문제로 고민하는 사람들을 향해 상처를 주거나 비열한 행동을 하지 말아야 해. 동성애적 행위는 용납할 수는 없지만, 동성애와 씨름하는 사람들을 향해 연민과 사랑을 보여주어야 하지. 우리는 “나도 너를 정죄하지 아니하노니 가서 다시는 죄를 범하지 말라”(요 8:11)라고 말씀하시는 그리스도의 사랑과 성령 안에서 인내와 동정심을 가지고 그들을 보살필 수 있어.

때로 어떤 학생들은 보통 사람들과 외모나 관심사가 다르다는 이유로 게이나 레즈비언으로 낙인찍혀. 그런 낙인은 몇 년 동안 그를 따라다니며 다른 사람들이 그를 대하는 태도에 영향을 끼칠 수 있어. 하지만 그리스도인으로서 우리는 그들을 비방하고 험담을 하거나 괴롭히지 말아야 해. "남에게 대접을 받고자 하는 대로 너희도 남을 대접하라"(마 7:12)라는 말씀을 기억하렴.

또한 우리는 동성애와 씨름하는 사람들에게 하나님이 그리스도로 인하여 우리의 모든 죄를 용서하시며 성령의 능력으로 새 삶을 주신다고 선포할 수 있어. 성경은 동성애 행위에 가담하였으나 하나님의 성령에 의해 씻음과 거룩함과 의롭다 하심을 받은 자들에 대해 이야기해(고전 6:9-11 참조). 구속하는 그리스도의 사랑, 인류를 죄와 마귀의 힘으로부터 구해주는 그 사랑이 회개와 예수님을 향한 믿음을 통해 모두에게 주어진단다. 그 사람의 죄성과 상관없이 말이야.

하나님은 동성애적 행위에서 사람들을 구해주실 수 있어! 그리스도의 사랑과 능력이 성적인 죄를 삼가도록 도울 거야. 우리는 우리의 힘으로 변화될 수 없으나, 하나님의 힘에 의존하여 순결을 지킬 수 있어.

"동성애 유전자가 있나요?"

몇 년 동안 사람들은 미국 인구의 10퍼센트가 게이라고 주장해왔어. 그리고 최근 몇 년 동안 미국 사회가 모든 사람의 라이프 스타일에 대한 수용과 용납을 요구해오면서, 대중의 인식은 더 높아졌지.

2002년에 갤럽 여론조사는 설문에 응한 사람들이 남성의 21퍼센트가 게이이고 여성의 22퍼센트가 레즈비언이라고 믿는다는 사실을 알아냈지. 적어도 5명당 1명꼴인 셈이야!

그러나 지금 우리는 대중의 인식이나 매스컴의 홍보와 상관없이, 그 수치가 대략 1~3.5퍼센트 정도라고 알고 있어. 2000년 미국 인구조사국은 동성 커플이 미국인 가정의 1퍼센트가 안 된다는 것을 알아냈지. 좀 더 최근의 연구는 미국인의 3.5퍼센트가 자신을 게이, 레즈비언 또는 양성애자로 분류한다는 사실을 보여줘.

미국심리학회는 개인이 어떤 성적 지향을 갖게 되는 정확한 이유에 대해 과학자들 간의 합의가 이루어지지 않았음을 인정해. 그들은 대부분의 사람이 자신의 성적 지향에 대한 선택권이 자신에게 있다는 생각을 거의 혹은 전혀 하지 못한다고 결론지어. 게이의 약 88퍼센트와 레즈비언의 약 68퍼센트는 개인의 동성애적 감정의 실재에 대해 선택권이 자신에게 없었다고 인식하고 있어.

연구 결과에 의하면 동성애는 가정 안에서 생겨나므로, 많은 연구원이 동성애에 유전학적 연관성이 있을 것이라고 가정했어. 그러나 많은 연구에도 불구하고 동성애 유전자는 발견되지 않았지.

동성애를 느끼는 많은 사람에게 몇 가지 공통적인 요인이 있어. 동성애를 느끼는 일부 사람들은 성장기에 동성의 또래들처럼 행동하거나 그들과 교감을 나누지 않았어. 어떤 이들은 어릴 때 성이나 음란물에 대한 부적절한 노출을 경험했다고 말했어. 또 다른 이들은 동성의 부모나 형제자매들로부터 단절감을 느꼈다고 했지.

어린 시절의 행위와 성인기의 행위 사이에는 강한 연결 고리가 있어. 어린아이가 자신의 성장에 중요한 영향을 미치는 사람들 안에서 동성 관계의 행위를 많이 볼수록 그들이 어른이 되었을 때 동성애 성향을 나타낼 확률이 더 높아져.

인간은 어떤 식으로 행동하도록 프로그램화할 수 있는 기계들과 달라. 인간의 행위 안에는 언제나 선택이나 자유의지의 요소가 있어. 그 행위에는 인간의 성적 행위도 포함되지. 동성애자임을 밝히거나 동성애적 욕구에 따라 행동하기로 선택하는 것은 한 사람의 기질, 환경, 관계, 경험, 인식, 선택 간의 복잡한 상호작용에서 비롯되는 거야. 또한 우리가 타락한 세상에 살고 있다는 사실에서 기인하는 것이지. 따라서 각 사람의 성적 발달은 저마다 달라.

"한 사람이 동성애자에서 이성애자로 바뀔 수 있나요?"

많은 증거와 연구를 통해 자신의 성적 행위를 변화시키는 사람들이 있다는 사실이 밝혀졌어. 어떤 사람에게는 동성애가 바뀔 수 있는 상태야. 그리고 동성애적 성향을 극복하는 사람들은 하나님의 뜻대로 살기 위해 변화될 수 있어야 해.

하나님은 사람들이 변하도록 돕기 위해 여러 수단을 사용하셔. 성령님은 은혜의 수단, 즉 하나님의 말씀과 성례를 통해 우리를 강하게 하시지. 그분은 사람들의 삶 속에 치유와 변화를 가져오는 수단으로서 기도, 절제, 책임, 건강한 관계, 치료, 예배, 고백, 죄 사함의 확신을 주셔. 죄에 대한 예수님의 승리는 곧 우리의 승리야. 주님의 말씀은 힘이 있어!

동성애적 성향과 싸우는 이들의 목표는 이성애가 아니라 거룩함이어야 해. 동성의 사람들에게 마음이 끌리는 사람들은 자신이 성적인 욕구를 추구하고 있는지, 그리스도를 통한 화평을 추구하고 있는지 생각해 볼 수 있어.

하나님을 믿고 유혹을 뿌리치는 것은 우리에게 온전함과 행복을 가져다줘(잠 3:5-8,15). 어떤 사람들은 동성애로부터 해방감을 느끼지는 못하겠지만, 계속해서 하나님의 은혜와 용서에 힘입어 성적으로 순결한 삶을 살아갈 수 있어.

"트랜스젠더란 무엇을 의미하나요?"

우리 문화는 많은 용어를 모호하게 사용하거나, 호환 가능하게 사용하는 경향이 있어. 이것은 때때로 혼란을 일으키지. 예를 들면, 어떤 사람은 '성'(sex)과 '젠더'(gender)를 같은 의미로 사용해. 하지만 성과 젠더는 달라. 성(sex)은 우리가 남성 혹은 여성이라는 생물학적 사실을 나타내는 방식이고, 젠더(gender)는 종종 어떤 사람이 자신의 성에 대해 어떻게 느끼는지를 나타내지. 즉 젠더는 자아 인식과 연관된 용어야.

네가 어딜 가든, 생물학적인 성의 차이는 변함이 없어. 하지만 성역할과 행동, 자질들은 문화에 따라 달라질 수 있지. 문화가 남녀에게 적합하다고 믿는 것은 그룹마다 또는 사회마다 달라질 수 있어.

이것을 특히 혼란스럽게 만드는 것은, 오늘날 우리 문화 속에 기본적인 남성과 여성의 차이를 좋아하지 않아 새로운 젠더를 만들어내려는 사람들이 있다는 거야. 어떤 사람은 7개의 젠더가 있다고 말하고, 또 어떤 사람은 무려 56개의 젠더가 있다고 말해!

그러나 젠더가 사람들의 자아 인식을 나타낸다면, 그들은 혼란을 느낄 수 있어. 어떤 여자가 자신을 남자라고 믿는다면, 누군가는 그가 성 정체성 장애를 갖고 있다고 말할 거야. 그것은 심리적 상태를 말하지.

이런 상태를 묘사하는 또 다른 용어가 트랜스젠더야. 트랜스젠더란 어떤 사람이 자신의 생물학적인 성과 동질감을 느끼지 않는 것을 의미해. 오늘날 사회는 트랜스젠더 상태를 장애로 여기는 데서 그가 자신에 대해 어떻게 생각하든 인정하고 축하해주는 방향으로 움직이고 있어. 사람들이 트랜스젠더로서 자신을 표현하는 몇 가지 방법이 있어.

'성전환자'(transsexual person)는 다른 성별을 가진 사람처럼 보이려 하고, 그렇게 옷을 입고 행동하려 해. 그들은 남자로 태어났지만 스스로 여자라고 생각해. 생물학적인 생식기를 제거하고 대신 다른 성의 생식기를 만드는 수술을 받기도 해.

'복장도착자'(Transvestite) 또는 이성의 옷을 입는 사람들은 대개 하나님이 창조하신 자신의 성에 대해 편안함을 느끼지만, 일반적으로 다른 성이 입는 옷을 입고 싶어 해.

'젠더리스'(genderless)는 명확하게 남성적이지도 않고 특별히 여성적인 특성도 갖고 있지 않은 사람들을 말해. 성별 구분이 모호한 중성적인 사람들이 모두 트랜스젠더는 아니야.

직장(학교)에서의 성 문제

"성희롱은 어떤 것인가요?"

법은 어느 남자나 여자도 달갑지 않은 성적 접근, 성상납의 요구, 원치 않는 성적 본능의 언어적 표현이나 육체적 행동에 대해 참지 말아야 한다고 말해. 성희롱 법은 대체로 직장을 겨냥한 것이지만, 그런 행동이 학생에게 두려움, 불안감, 수치심, 당혹감을 주거나 학교에 다닐 수 없게 만들 경우 학교에도 적용돼.

"남자가 여자에게 집적거리는 것이 법에 저촉된다는 뜻인가요?"

추파를 던지는 것은 법에 저촉되지 않아. 하지만 너에게 추파를 던지는 사람은 그것이 너에게 미치는 영향을 알고 있어야 해. 그 희롱이나 농담이 달갑지 않니? 그에게 그만하라고 요구했니? 네가 좋아하지 않는다는 것을 알려줬는데도 계속 집적거리거나 농담을 했니? 그가 학교나 직장을 너에게 불편한 장소로 만들고 있니? 이런 식의 추근거림이 학교나 직장이 아닌 파티에서 일어난다면 아마 불법이 아닐 거야. 그러나 여전히 잘못이지.

너는 언제든 점잖은 말로 너를 희롱하지 말라고 요구할 수 있어.

"너는 나를 불편하게 만들고 있어. 우리 다른 이야기를 좀 해볼래?"

"직장 상사가 계속 데이트 신청을 해요. 이젠 더 이상 둘러댈 핑곗거리도 없어요."

그 사람에게 직접적으로 말해.

"당신과 함께 일하는 건 좋지만 데이트는 하고 싶지 않아요."

핑계 대지 말고, 그가 희망적으로 해석할 만한 말은 하지 마. 그래도 집요하게 요구하거든, 넌 이미 관심이 없다고 말했고 성희롱은 법에 위반되는 것이라고 알려줘. (대부분의 성희롱은 남자들이 여자들을 희롱하는 경우지만, 그 법은 남자들을 희롱하는 여자들에게도 적용된단다.) 직장을 잃을까 봐 걱정된다면, 너에게 이런 식으로 행동하는 그 상사와 너 사이에 일어난 일들을 정확히 기록해둬.

그가 그만하라는 네 요구에 반응하지 않으면, 그의 관리자에게 그의 행동을 보고할 수 있어. 네가 기록해둔 일지가 진실을 증명해줄 거야. 네가 만약 다른 이유들로 상사에게 화가 났다면 복수심이나 감정적인 앙갚음으로 그를 성희롱으로 고발하고 싶은 마음이 들겠지. 하지만 너의 일지는 그 이상도 이하도 아닌, 일어난 사실만 정확히 알리도록 도와줄 거야.

"남자를 유혹한 다음 차버리는 여자는 어떤가요?"

남자와 여자 모두 자기가 다른 사람에게 보내는 신호를 알고 있어야 해. 네가 친숙한 장난으로 여기는 행동이 다른 사람에게는 좀 더 친밀한 관계를 갖자는 유혹으로 받아들여질 수 있어. 하지만 네가 의도하지 않은 신호를 보낸다고 하더라도, 다른 사람이 너에게 육체적인 친밀함을 기대하거나 강요해도 되는 것은 아니야. 너는 오해를 일으킨 것에 대해 사과하고 너의 경계선을 분명히 할 수 있어.

"그러나 어떤 사람이 너무 흥분해서 자제할 수 없다면 어떻게 하죠?"

이 메시지는 자신의 행동에 대한 책임을 받아들이려 하지 않는 사람들 사이에서 인기가 있어. 하지만 자신의 성적 욕구를 조절하는 것은 처음 자극을 받을 때부터 오르가슴에 이를 때까지 어느 시점에서나 가능해.

이런 상황이 직장이나 학교에서 일어나서는 안 돼. 네 상황을 잘 인식하는 것이 현명한 거야. 잘 알지 못하거나 불편한 사람들과 같이 있을 때는 반드시 다른 사람들이 주변에 있는지 확인해. 그러면 남자가 이런 핑계를 댈 여지를 주지 않을 테니까.

"성에 대한 농담을 하는 것과 성희롱의 차이는 무엇인가요? 누구나 가끔 성적인 농담을 해요."

성적 발언이 피해자에게 희롱처럼 느껴진다면 이미 농담을 벗어난 거야. 이것은 한 사람이 네가 성적으로 그를 위해 무엇을 해주면 그가 네게 도움이 되는 보상(승진, 급여 인상, 더 좋은 점수 등)을 해줄 것이라는 기대를 갖는 것을 포함해.

네가 그 상황이 적대적이라고 느끼고, 더 이상 안전하다고 느끼는 환경에서 일하거나 공부할 수 없다면 그것 또한 괴롭힘이야. 성희롱은 종종 매우 우울하고, 두렵고, 다른 사람을 신뢰할 수 없다고 느끼게 만들어. 많은 학생이 그런 일을 겪은 후 더 이상 학교에 가고 싶지 않다고 말하지.

전국의 고등학생을 대상으로 한 조사에서 여학생의 85퍼센트와 남학생의 76퍼센트가 학교에서 성적으로 괴롭힘을 당하고 있다는 사실이 드러났어. 원치 않는 성적 언급, 농담, 제스처, 시선 등이 가장 흔한 성희롱의 형태였어. 또한 여학생의 65퍼센트와 남학생의 42퍼센트가 달갑지 않은 성적 접촉, 꼬집거나 붙잡는 행동을 경험했다고 해.

이런 유형의 괴롭힘이 학교에서 일어나고 있다면 학교에서 신뢰할 만한 어른에게 이야기하렴. 직장에서 너와 동료 사이에 성적 괴롭힘이 일어나고 있다면 관리자에게 이야기해야 해.

그것만으로도 심각한 혐의이나, 이런 유의 행동이 학교나 직장에서 벌어진다는 것은 더욱 심각하게 잘못된 일이야. 명확한 의사소통, 품위 있는 행동, 확고한 경계선이 가장 좋은 예방법이야.

음란물의 메시지

아름다운 조각상이나 그림 중에 인간의 나체를 묘사하는 작품들이 있어. 그런 작품들을 보면 하나님이 우리를 얼마나 기묘하게 지으셨는지 느끼고 감탄하게 돼. 하지만 불행히도 인간들은 이 아름다움을 왜곡하여 좋지 않은 방식으로 인간의 나체 형상들을 만들고, 생산하고, 바라봐.

어떤 예술품을 볼 때 그것이 하나님이 특별히 귀하게 여기시는 인간을 형상화하고 있다는 사실을 쉽게 떠올릴 수 있다면, 그것은 음란물이 아니야. 하지만 그 형상을 보면서 하나님의 설계의 아름다움을 느끼지 못하고 시각적인 자극만 받는다면 그것은 음란물이야.

음란물은 한 인간이 성적 대상으로, 다른 누군가의 쾌락을 위해 이용되는 것으로 묘사될 때 만들어져. 음란물은 인간의 성을 도구로 사용하여 사람들이 성욕을 느끼고, 갈망하며, 자신이 거기에 묘사된 사람과 성적 행위를 하는 것을 상상하게 만들어.

스스로 쾌감을 느끼기 위해 음란물을 사용하면 대체로 수치심이나 죄책감을 느끼게 되는데, 거기에는 그럴 만한 이유가 있어. 누구든 성적인 만족을 위해 인간의 몸을 이런 식으로 다루는 것은 잘못이기 때문이야. 음란물은 하나님이 우리를 남자와 여자로 만드셔서 언젠가 결혼생활 안에서 온전히 성적 쾌락을 즐길 수 있다는 사실에 감사하는 대신, 성적 쾌락을 자신의 은밀한 공간 안에 가두고 감추어두게 만들어.

음란물은 또한 성을 대중적이고 특별하지 않은 것으로 만들어. 이름 없는 정체불명의 사람들이 그 이미지들을 함께 보기 때문이야. 그러한 이미지 속에 등장하는 사람들을 하나님이 창조하셨고, 예수님이 그들을 위해 죽으셨으며, 성령님은 그들이 경건한 삶을 살아가기 원하신다고 생각하면 도움이 되겠니? 그들은 너와 마찬가지로 하나님의 피조물이야.

인터넷, 케이블 TV, 사진과 잡지 등 어디서나 음란물이 우리를 둘러싸고 있고, 그 안에는 언제나 유혹이 있어. 어떻게 그 유혹을 뿌리칠 수 있을까?

하나님의 은혜와 능력으로 가능해! 성령이 우리에게 유혹을 뿌리치고 자제력을 발휘할 힘을 주신다는 사실을 늘 기억하렴. 우리의 몸은 하나님의 선물이야. 음란물이 존재하지만 너는 피할 수 있어.

또한 말과 행동으로 성과 인간의 몸을 비하하는 사람들과 어울리는 상황을 피할 수 있어. 그리고 예수님을 향한 사랑과 우리를 향한 하나님의 계획대로 살고자 하는 열망을 함께 공유하는 다른 청년들의 지원과 격려를 구할 수 있어.

너를 둘러싸고 음란물을 봐도 괜찮다고 말하는 문화에 동조하라는 압력을 거부할 힘을 달라고 매일 기도할 수 있어. 성경은 "너희는 이 세대를 본받지 말고 오직 마음을 새롭게 함으로 변화를 받아 하나님의 선하시고 기뻐하시고 온전하신 뜻이 무엇인지 분별하도록 하라"(롬 12:2)라고 말해.

"그냥 보기만 하는 것도 잘못인가요? 사진이나 잡지나 영화가 어떻게 저를 해칠 수 있죠?"

그리스도인으로서의 태도, 견해, 가치관이 어디에서 오는지 생각해보렴. 너는 태어날 때부터 그런 개념을 갖고 있지 않았어. 하나님의 말씀은 죄가 너무나 깊이 우리를 오염시켜서 우리가 자연스럽게 죄악된 것을 택한다고 말해.

바울은 "너희는 유혹의 욕심을 따라 썩어져가는 구습을 따르는 옛 사람을 벗어버리라"고 말해(엡 4:22). 성경에 근거하여, 우리는 이것을 '우리의 죄악된 옛 육신'이라고 부르지.

우리는 또한 하나님의 말씀에서 마귀가 하나님의 사람을 죄로 유인하고 하나님을 신뢰하지 못하게 하려고 세상을 통해 일하는 것을 알 수 있지. 베드로는 "근신하라 깨어라 너희 대적 마귀가 우는 사자같이 두루 다니며 삼킬 자를 찾나니"(벧전 5:8)라고 경고하고 있어.

하지만 하나님은 세례를 통해 우리를 그분의 자녀로 삼으셨어. 즉 우리는 죄 사함을 받고 자신의 죄악된 갈망과 마귀와 악한 세상에 저항할 힘을 부여받은 사람들이란다.

이제 질문은 매우 간단해져. 음란물은 우리의 죄악된 육신에 호소하는 세상의 일부이니? 아니면 하나님의 자녀로서 우리에게 호소하는 하나님의 선한 창조의 일부이니? 둘 다 될 수는 없어!

특히 처음에는 음란물이 매우 자극적이고 흥분을 일으키는 것 같지만, 하수가 강을 오염시키듯이 우리의 마음을 오염시킬 수 있어. 많은 젊은이가 인터넷 음란물에 심리적으로 중독되어 있는데, 자신이 어떻게 거기까지 잠식됐는지 깨닫지 못해. 그들의 사고방식이 형성되고 있을 때 음란물에 오염됐기 때문에, 그들의 뇌가 성에 대해 생각하도록 습관화된 방식을 고치기가 어려운 거야. 지금 그런 상태라면 즉시 목사님이나 그리스도인 친구들, 그리스도인 전문 상담가를 찾아가 도움을 받으렴.

뇌가 아직 발달 중일 때 음란물을 보는 것은 미래에 네가 성적인 경험을 할 때 영향을 미칠 수 있어. 심지어 너의 전 삶에 영향을 줄지도 몰라. 어떻게 보면 너는 음란물을 봄으로써 성에 대해 너의 몸을 '가르치고' 있는 거야.

그러나 그것은 건강하지 못하고 이기적인 방법이지. 너의 뇌는 네 몸이 흥분되고 만족을 얻기 위해 부자연스러운 자극을 기대하게 될 거야. 그리고 지금 보는 이미지들은 네가 원할 때마다 쉽게 머릿속에서 떠올라 지워질 수 없어. 이 이미지들은 네 생각과 상상 속에 계속 남아 있을 거야. 미래의 남편을 볼 때 너는 오직 그만 볼 수 있을까? 이것이 네 미래의 결혼생활에 어떤 영향을 미칠지 아니?

“누군가 제가 원하지 않는 나체 사진을 보낸다면 어떻게 하죠?”

다른 사람에게 알몸을 보여주는 것은 플래싱(flashing)이라고 하는데, 플래셔(flasher)는 노출증 환자를 뜻하는 속어야. 즉 자신의 생식기를 다른 사람에게 보여줌으로써 성적 만족을 얻는 사람을 말해.

일반적인 플래셔는 남들 앞에서 젊은 여자들을 깜짝 놀라게 하는 것을 즐기는 남자야. 이런 유형의 노출증 환자들은 여전히 존재하며, 그런 사람을 보면 경찰에 신고해야 해.

그러나 디지털 사진, 라이브 인터넷 대화방, 소셜 미디어에 쉽게 접근할 수 있게 되면서, 노출증 환자들은 사람들에게 자신을 드러낼 새로운 방법을 발견했어. 우리는 이런 위험을 알고 노출증 환자들이 디지털 미디어를 통해 자신을 노출할 때 어떻게 대처해야 하는지 아는 것이 중요해.

첫째, 누군가 네게 자신의 나체 사진을 보내거나 성적인 내용을 공유해도 되는지 묻는다면 거절해. 부모님을 직접 찾아가기 어려운 상황이더라도, 이런 일이 있었다는 것을 부모님에게 알리는 것이 중요하단다.

이번이 처음이었다면 너는 아마 매우 충격을 받고 마음이 심란했을 거야. 그러나 이런 식의 노출은 네 잘못이 아니며, 그것에 대해 죄책감을 갖지 말아야 해.

둘째, 인터넷이나 비디오 게임 대화방을 통해 대화를 나누거나 상호작용을 하는 사람 중 다수가 네가 모르는 사람들이라는 것을 이해해.

너는 낯선 사람을 네 거실로 맞아들여 성에 대한 대화를 시작하지 않을 거야. 마찬가지로 디지털 세계에서 만나는 사람들에게 그런 대화를 쉽게 허용해선 안 돼. 결국 네가 관리해야 해. 그것이 단순히 전원 버튼을 누르는 것을 의미하더라도 말이야.

네가 더 나이가 들수록, 친구들이나 지인이 그들 자신이나 다른 사람의 나체 사진이나 성적으로 노골적인 이미지를 너와 공유하기 원할지도 몰라. 너는 이것이 재밌거나 특별히 해롭지 않다고 생각할지 모르나, 그들이 보내는 사진은 무시하거나 웃고 넘길 만한 것이 아니란다. 그 사진에 등장하는 개인들은 자신의 사진이 찍히거나 공유되는 것에 동의하지 않았을지도 몰라. 어쩌면 돈을 받고 불법적인 음란물 이미지를 만드는 사람일 수도 있지. 노출증 환자들과 노골적인 성적 이미지들로 너를 놀라게 하려는 사람들은 다른 사람에 대한 기본적인 존중이 없는 거야.

그들은 또한 성에 대한 하나님의 선한 계획을 묵살하고, 성을 대중적이며 값싼 것, 다른 사람이 보고 웃는 것으로 만들고 있어. 그리스도인으로서 너는 이런 유의 디지털 이미지들을 받거나 공유하는 일에 동참하지 않기로 선택할 수 있어. 또한 성령의 능력으로 친구들에게 그만하라고 말할 필요성을 깨닫게 될 거야! 지금 성적인 유혹을 뿌리침으로써 너는 하나님이 계획하신 여성이 될 준비를 갖추게 되는 거란다.

더 알아야 할 것들

"근친상간이란 무엇인가요?"

근친상간은 가족이나 가까운 친척과 성적인 관계를 갖는 거야. 그것은 범죄란다. 많은 근친상간 사건이 성적 학대의 형태로 일어나고 있어.

대체로 나이 많은 친척이 더 어린 사람을 설득하거나 강요하여 성관계를 가져도 괜찮다고 믿게 만들거나 아니면 죄책감을 느끼게 만들 거야. 이것은 신뢰에 대한 배신이며 절대 사실이 아니란다. 피해자는 잘못이 없지만, 그 학대로 인해 심각한 육체적, 영적, 심리적 손상을 입게 돼.

이런 상황에서 피해자는 앞으로 가해자의 어떠한 접근도 단호하게 거절하고 그 문제를 부모님이나 목사님, 믿을 만한 상담자에게 알려야 해. 근친상간의 피해자는 도움이 필요하며, 가해자도 마찬가지야.

"매춘부는 무엇인가요?"

매춘부는 돈을 벌기 위해, 또는 마약이나 주거지 같은 다른 것을 얻기 위해 성적인 활동을 하는 사람이야. 매춘부의 대부분은 여자이며 손님들은 남자야.

대부분의 매춘부는 스스로 자신의 몸을 팔기로 선택했다는, 일반적이지만 잘못된 오해가 있어. 연구 결과에 의하면 대부분이 매춘을 하도록 육체적으로 강요를 당하거나 심리적으로 조종당해왔다고 해.

만일 어떤 사람이 매춘을 시작하거나 계속하도록 강요나 강압을 당하거나 속임을 당할 때 그는 성매매의 피해자야. 성매매 여성들(또는 남성들)은 노숙생활, 정신 건강의 문제, 감금, 정서적 학대, 육체적 학대, 성적 학대 또는 마약 복용의 전력이 있을 거야. 소녀들이나 여성들을 성매매를 위한 노예로 만들기 위해 폭력을 사용하는 것은 드문 일이 아니야. 하지만 인신매매범들은 또한 자신의 상황에서 벗어날 길이 보이지 않는 이런 여성들을 심리적으로 통제하기도 해.

많은 여자와 소녀가 매춘을 계속할 수밖에 없는 이유는 불법적인 빚 때문이야. 아마도 그들을 팔고 넘기는 과정에서 생긴 것으로, 가해자들은 그들이 빚을 갚아야 자유로워질 수 있다고 말해. 하지만 매춘을 위해 사람을 모집하거나, 거처를 제공하거나, 수송하는 일 등에 관여하는 사람은 인신매매 범죄에 대한 책임이 있어.

경건한 여자로서, 성매매의 피해자들과 매춘을 계속하는 자들을 위해 주기적으로 기도하렴. 이 여성들이 매춘에서 벗어날 수단을 찾고, 성적인 대상이 아니라 하나님의 자녀로서 그들의 참된 가치에 대해 관심을 기울이는 사람들의 이야기를 듣도록 기도하자.

또한 그들의 상황이 변하여 다른 누군가를 섬길 수 있기 때문이 아니라 그들의 존재 자체로 사랑받게 되기를 기도하렴. 관련된 남자들이 자신의 죄를 인정하고 회개하며 그들의 성욕을 통제해야 한다는 것을 이해하게 되기를 기도하자.

가장 중요한 것은 섬김

처음으로 돌아가, 네가 그리스도인이 되기 위해 하나님에 의해 구별된 존재라는 관점에서 이 책의 교훈을 다시 살펴보렴.

처음부터 하나님이 그분과의 관계, 또 다른 사람들과의 관계를 위해 우리를 만드셨다는 사실은 명백해. 이 말이 의심스럽다면 창세기의 창조 기사를 다시 살펴보렴. 그다음에 네 삶을 점검하여, 네가 매일 하나님께 의존하고 너를 그리스도인으로 성장하도록 도와주신다는 하나님의 약속을 붙들고 있는지 살펴봐.

너는 여전히 매일 죄를 짓니? 그럼에도 계속 하나님의 말씀을 읽고 있니? 그리스도가 너를 위해 십자가 위에서 이루신 죄 사함의 은혜를 붙들고 있니?

이러한 것들은 네가 성장하면서 하나님을 네 삶의 중심으로 모시기 위한 기초야. 즉 너의 죄를 인정하고 그리스도의 용서를 받는 것, 홀로 골방에서 혹은 교회에서 하나님의 말씀을 읽고 듣는 것이지.

하지만 네가 하나님으로부터 멀어져 있다고 느끼거나 기도와 예배, 성경 읽기에 시간을 보내지 않는다면, 예수님을 '어린애들이나 믿는 분'이라 생각하며 하나님으로부터 점점 더 멀어져가는 너 자신을 발견할 거야.

하나님을 멀리하는 것은 또한 다른 사람들과의 관계에 대한 네 결정에 영향을 줄 거야. 독일 신학자 디트리히 본회퍼는 우리가 그리스도를 통해 어떤 사람에게 다가갈 때만큼 다른 사람과 가까워질 때가 없다고 말했어. 이는 곧 너와 가까운 사람들이 또한 그리스도와 가까울 때, 네가 그리스도 안에서 그들과 교감을 나눈다는 뜻이란다. 다 함께 그리스도의 한 몸의 지체인 것이지. 한 몸의 일부가 되는 것보다 더 가까운 것이 어디 있을까? (이것은 앞서 이야기한 한 몸의 연합과 비슷하게 들리지 않니?)

그리스도에 대한 믿음, 그리스도인의 삶에 대한 가치관, 용서의 필요성을 공유할 때 너와 다른 사람들과의 친밀함은 인간의 교제에 대한 하나님의 계획에 최대한 가까울 거야. 네가 결혼하지 않더라도, 그리스도의 몸 안에 있는 너와 네 지체들은 함께 하나님을 높이고 서로를 높여주겠지. 네가 하나님 말씀의 인도를 받아 결정하고 선택할 것이기 때문이야.

우리가 하나님에 의해 창조된 것을 돌아볼 때 또 다른 요점이 분명해져. 다른 사람들을 위해 창조된 우리는 이기적인 삶이 아니라 섬김을 위해 부름을 받아. 하나님은 남자와 여자에게 서로 섬기라고 명령하시지, 서로 이용하라고 하지 않으셔.

사도 바울은 에베소서 5장 22-25절에서 이렇게 비유해.

"아내들이여 자기 남편에게 복종하기를 주께 하듯 하라… 교회가 그리스도에게 하듯 아내들도 범사에 자기 남편에게 복종할지니라."

"남편들아 아내 사랑하기를 그리스도께서 교회를 사랑하시고 그 교회를 위하여 자신을 주심같이 하라."

이 두 문장에서 그리스도가 핵심 인물이란다.

결혼생활에서, 또 그리스도의 몸 안에서 일어나는 복종은 강제적이고 통제하는 게 아니야. 섬김에 관한 것이지. 아내가 남편을 섬기는 이유는 남편이 그녀를 섬기기 때문이야. 그리고 남편이 아내를 위해 희생하는 이유는 그리스도가 교회를 위해 자신을 희생하셨기 때문이야. 섬김과 희생이 우리를 향한 그리스도의 사랑의 중심에 있단다.

복음서를 읽으면서, 우리는 예수님의 주된 특성이 아버지와 우리를 향한 섬김으로 나타나는 사랑이었음을 볼 수 있어. 사랑은 다른 사람에게 자신을 내어주는 것이지 빼앗는 것이 아니야. 많은 문화적 메시지가 이 영원한 진리를 왜곡해.

강한 여자의 의미가 왜곡되어, 많은 사람이 다른 사람들을 조종하는 위치에 있는 사람을 강한 여자로 여겨. 하지만 강한 그리스도인 여자는 예수님이 그녀에게 종이 되셨던 것처럼 그녀가 모든 사람을 섬기는 종임을 이해하지. 예수님은 너를 위해 십자가에 죽기까지 자신을 내어주셨어. 하나님의 자녀이자 그리스도인 여자로서, 너는 다른 사람들을 자신보다 우선시하는 여러 희생적인 방식으로 그들을 섬길 거야.

단순히 상식적인 예의를 갖춰 다른 사람들을 대하는 것을 생각하렴. 다른 사람들이 너보다 먼저 가도록 문을 열어주려면 맨 뒤로 가야 해. 직장에서 고용인들을 관리하려면 그들을 섬기고 그들이 일을 완수하기 위해 필요한 것을 갖추도록 도와야 해.

네 남편과 자녀들을 보살피는 것은 그들의 필요를 너의 필요보다 더 우선시하는 것을 의미할 거야. 하지만 그래도 괜찮아. 네 그리스도인 남편 역시 언제나 그의 필요보다 너의 필요를 더 우선시하기 위해 애쓸 것이기 때문이지. 하나님은 결혼에 대한 아름다운 계획을 갖고 계시니, 이는 남편과 아내가 둘 다 섬김을 받기 때문이야.

그리스도인 독신 여성으로서 지금 네가 갖기 원하는 친밀한 관계들 속에서는 이것은 어떻게 나타날까? 너는 남자친구에게 강한 성욕을 느낄지도 몰라. 그러나 사랑 안에서 그를 섬기려면 결혼할 때까지 그런 욕구를 제쳐두어야 해. 너 자신의 욕구보다 성적 순결과 품위를 더 가치 있게 여기기로 결정하는 거야. 많은 사람이 지금 이렇게 행동하지 않다가 결국 결혼생활에서도 자기중심적인 태도를 보이게 되지.

일단 결혼만 하면 네가 원하는 모든 것을 가질 수 있을 거라고 상상하니? 결혼하여 남편을 섬기는 것은 네가 동일한 자기 헌신적 사랑을 지속하는 것을 의미해. 결혼생활에서 서로 사랑하려면 각 사람이 상대방에게 자신을 주어야 한단다.

죄로 인해, 너는 남편이 무조건 네 요구를 들어주어야 한다고

생각하거나 이기적으로 너 자신만을 보살피기 원하는 사람이 되지 않도록 힘든 싸움을 해야 할지도 몰라. 그리스도의 사랑은 우리가 배우자를 향해 품어야 할 사랑의 본보기야. 그것은 다른 사람이 무엇을 하거나 무엇이 되는 것에 의존하지 않는 사랑, 주고받는 것을 요구하지 않고 어떤 식으로든 애써서 남편에게 얻어내지 않아도 되는 사랑이지.

마지막으로, 우리가 살펴봐야 할 또 한 가지 중요한 교훈은 회개야. 하나님은 우리에게 완전함을 요구하시지만, 우리는 완전하지 않으며 앞으로도 그럴 거야. 십계명을 보면 우리가 온 마음으로 하나님을 사랑하지 않고, 우리 자신을 사랑하는 것처럼 이웃을 사랑하지 않는다는 것을 알 수 있어.

회개는 우리의 죄악된 마음과 선한 일들을 하지 않고 쉽게 이기적인 행동을 함으로써 날마다 범하는 죄들을 인정하는 거야. 하지만 하나님은 우리에게 그분의 아들, 예수님을 주셨어. 우리가 결코 완벽해질 수 없기 때문에, 우리 대신 완벽한 존재이신 예수님을 주신 거야. 죄가 없으신 완전하신 예수님이 십자가에서 돌아가심으로 죄악된 인간인 우리가 받을 형벌을 대신 받으셨어. 심지어 예수님이 죽은 자들 가운데서 살아나셨을 때 그분은 죽음을 정복하셨어.

우리가 이 세상에 사는 동안 우리를 도우시는 예수님이 우리와 함께하시며, 우리가 죽은 뒤에도 영원히 예수님과 함께할 거야. 이 놀라운 사실에 감사하렴. 지금 우리는 매일 하나님을 사랑하고 주변 사람들을 섬기기 위해 살고 있단다.

하나님의 사랑을 증거하신 예수님

무엇보다 한 사람으로서 너의 정체성은 네가 소유하거나 갈망하는 것들이 아닌 오직 그리스도 안에 있음을 기억해. 그리스도를 통해 너는 영원히 하나님의 가족으로 입양되었어. 너는 예수님의 형제이며 하나님의 사람이란다.

예수님은 이 땅에 계실 때 하나님이 우리를 매우 인격적으로 사랑하신다는 것을 증명해 보이셨어. 문둥병자, 세리 레위, 과부, 바리새인 시몬, 창녀 등 모든 죄인을 사랑하시고 용서해주셨지. 그분은 너도 사랑하시고 용서해주셔.

오늘날 강한 눈보라가 몰아쳐 학교에 출석한 학생이 한 명뿐이라면 애써 강의를 진행할 교사가 얼마나 될까? 아마 많지 않겠지. 그러나 누가복음을 보면 예수님이 단 한 사람을 가르치거나 병을 고쳐주시는 데 많은 시간을 할애하신 것을 볼 수 있어. 예수님은 잃어버린 양, 하나님의 보살핌을 떠난 죄인을 찾으러 오셨어. 그분은 또한 네가 길을 잃을 때 너를 찾으시며 그분께 돌아오라고 부르셔. 예수님의 말씀을 들으렴!

어쩌면 너는 과거에 어느 젊은 남성과 순결을 지키지 않았을 수도 있어. 지금도 그럴지 모르지. 괴로운 마음이 드니? 선한 목자께서 너를 부르시는 소리가 들리지 않니?

마음이 괴롭지 않거나 하나님께 회개하지 않았다면 하나님께 반항 중인 거야. 어쩌면 멈추려고 애써보았지만 계속해서 죄에 빠졌고, 그래서 하나님이 용서해주지 않으실까 봐 걱정하고 있는지도 모르겠어.

하나님께 너의 감정과 문제를 털어놓을 때 너는 하나님이 보시기에 매우 특별한 사람임을 기억하렴. 믿기지 않을지 모르지만, 너는 하나님의 온전한 관심을 받고 있어. 우리는 하나님께 사랑받기 위해 무엇을 하거나 무엇이 될 필요가 없어. 하나님은 그저 너 자체를 사랑하시며 앞으로도 사랑하실 거야.

> 자기 아들을 아끼지 아니하시고 우리 모든 사람을 위하여 내주신 이가 어찌 그 아들과 함께 모든 것을 우리에게 주시지 아니하겠느냐 롬 8:32

하나님이 네게 베풀어주시는 가장 좋은 선물은 죄 사함이야!

그리스도를 믿는다는 것, 신실함, 하나님 보시기에 특별함, 절제, 데이트와 관계를 좀 더 구체적으로 다루는 다음 장들을 읽어갈 때, 이러한 자질들을 마음에 깊이 새겨두렴.

★LOVE, SEX & GOD★

PART 2

성(性)과 사랑에 대한 질문과 조언

CHAPTER 5

데이트하는 법

하나님의 계획 묵상하기

우리가 사랑함은 그가 먼저 우리를 사랑하셨음이라 요일 4:19

음악을 듣다 보면 사랑 노래를 피할 수 없을 거야. 재미있는 것은 어떻게 그 노래들이 네 인생의 사운드트랙이 되느냐지. 새로운 사람을 만나고, 사랑에 빠지고, 그 사람을 생각할 때 느껴지는 감정, 같이 있고 싶은 마음, 이 모든 일에 대해 떠오르는 노래가 있어. 많은 노래가 보통은 무례한 말로 성적 친밀함에 대해 이야기하지. 관계가 끝날 때 일어나는 일들을 이야기하기도 해. 잘못한 일에 대한 죄책감, 감정적인 고통, 버림받은 또는 사랑받지 못하는 느낌, 증오와 복수심의 추악한 감정들 말이야.

사랑 노래를 들으면 세상이 사랑을 어떻게 생각하는지 알 수 있어. 하지만 하나님의 생각은 다르단다. 하나님의 말씀에 따른 사랑은 단지 로

맨틱한 감정이 아니야.

우리를 향한 사랑 때문에 하나님은 자신의 아들을 세상의 구세주로 보내셨어. 네가 세례를 받을 때, 하나님이 너를 그분의 가족으로 삼으셨을 때 너에게 보여주신 것이 바로 '사랑'이야. 사랑은 그리스도 안에서 우리를 하나님과 결합시키지. 사랑은 우리의 두려움을 쫓아내. 네가 다른 사람들을 사랑할 수 있는 것은 하나님이 먼저 너를 사랑하셨기 때문이야.

그러니까 다음에 네가 좋아하는 곡들을 들을 때 사랑의 참된 의미를 기억하렴. 하나님은 사랑이란다.

기도 사랑하는 하나님, 예수님 안에서 저에게 보여주신 사랑에 감사드립니다. 세례를 받게 하시고 저에게 하나님을 향한 믿음을 주셔서 감사합니다. 제가 언제나 하나님 안에서 사랑을 찾고 다른 사람들도 하나님의 사랑을 바라보도록 도와주는 삶을 살게 하옵소서. 예수님의 이름으로 기도합니다. 아멘.

지금까지 결혼과 성에 대한 하나님의 계획을 살펴보고, 어떻게 그리스도인 성인 여성으로 성장할 것인지를 생각해보았어. 이제 이 지식을 데이트에 적용해보자.

너 자신에게 이렇게 질문해본 적이 있니?

- 꼭 데이트를 해야만 정상일까?

- 데이트를 어떻게 시작할까?
- 오직 한 사람과 데이트를 하는 것이 좋은 생각일까?
- 이별에 대처하는 가장 좋은 방법은 무엇일까?
- 신체적 접촉은 어느 정도 선이 괜찮을까?
- 이미 성관계를 가졌다면 어떻게 해야 할까?

데이트에 관한 질문은 젊은 그리스도인 여자로서 네 삶에 성에 대한 하나님의 계획을 적용해볼 기회가 될 거야. 아마 제일 먼저 생각해보아야 할 질문은 이것이겠지.

"내 또래 남자들은 어떤 여자와 사귀고 싶어 할까?"

데이트하고 싶은 사람

그는 자신을 귀하게 여기고 존중해주고, 이용하거나 조종하려 하지 않는 그리스도인, 친절하고 단정하며 사려 깊고 사랑 많은 여성을 찾을 거야. 이것은 너를 묘사하는 표현이니?

친절한 사람

"어떻게 하면 더 친절한 사람이 될 수 있을까요?"

학교에서 인기 있는 아이들은 늘 즐겁게 지내고 데이트를 하고 있는 것처럼 보여. 많은 젊은이는 다른 사람들에게 친절하게 대하는 것만으로도 인기가 높아진다는 것을 발견해. 모든 사람에게 친절하게 대하기로 결심함으로써 너는 각각의 개인을 존중하는 마음을 나타내는 거야.

너는 사람들이 가진 차이점에 대해 알게 되고, 다른 사람들에 대해 알아가는 것을 즐겨. 그것은 너 자신에 대해 가르쳐주지. 너를 편안하고 여유롭게 만드는 다른 사람의 특성은 무엇인지, 또 네가 어떤 사람들에게 유대감을 느끼는지 알도록 도와준단다.

친절은 또한 네게 종의 마음이 있음을 의미해. 도움을 줌으로써 다른 사람들을 친절하게 섬기고, 함께 일할 준비를 갖추는 거야. 다른 사람들의 관심사에 대해 이야기를 나누려 하고, 그들이 힘들어할 때 이야기를 들어주고 지지해주지.

그럼으로써 사람들이 네 친절에 이끌린다는 것을 알게 될 거야. 친절한 사람은 알고 지내면 좋은 사람이거든. 네가 사람들을 섬기기 위해 세심하게 배려하며 행동한다면 네 친절은 진심일 거야.

단정한 사람

"부모님은 늘 제 옷차림에 대해 뭐라고 하세요. '너무 짧아', '너무 노출이 심해', '부적합한 옷차림이야' 등등. 또래 여자아이들은 다 이렇게 입는데 말이죠. 우리 반 친구들처럼 입으면 괜찮은 것 아닌가요?"

이 문제를 세 가지 관점에서 바라보자. 먼저 너부터 시작해보자. 너는 옷이 메시지를 전하는 언어라는 것을 알고 있니? 너는 너 자신에 대해 어떤 메시지를 전하고 있니? 사람들이 너의 몸 때문에 너를 주목하기 원하니, 아니면 그들이 진짜 너를 알기 원하니? 그러니까 한 사람으로서 너의 내적인 부분을 아는 것 말이야. 너의 옷차림은 다른 사람들이 너를 바라보는 시각에 영향을 끼칠 거야.

사람들, 특히 젊은 남자들이 너를 점잖고 품위 있게, 예의 바르게 대하고 존중해주길 바라니? 그렇다면 네가 점잖고 품위 있는 옷차림을 할 필요가 있어. 이것을 단정함이라고 말해.

둘째, 젊은 남자들의 관점에서 이 문제를 바라보자. 젊은 여자는 젊은 남자들의 관심을 끌기 위해 몸을 드러내는 옷을 입고 싶을 거야. 하지만 너의 외모에 기반을 둔 관계는 시작부터 불안하단다. 정말로 너는 그 사람이 너와 성관계를 갖고 싶다는 생각을 하기 원하니, 아니면 너의 훌륭한 성품을 알아가고 너와 긴 대화를 나누고 싶다는 생각을 하기 원하니?

바울은 그리스도인들이 어떤 것을 할 수 있다고 해서 꼭 해야 하는 것은 아니라는 사실을 이해하도록 돕기 위해 이렇게 말했어.

> 모든 것이 가하나 모든 것이 유익한 것은 아니요 모든 것이 가하나 모든 것이 덕을 세우는 것은 아니니 누구든지 자기의 유익을 구하지 말고 남의 유익을 구하라 고전 10:23,24

너는 옷차림에 대해 선택할 자유가 있어. 하지만 네가 선택한 것이 다른 사람들에게 유익한지 고려해야 해.

네 옷차림으로 다른 사람들이 죄악된 생각을 품게 될까? 그렇다면 젊은 그리스도인 여성으로서 좀 더 단정하게 옷을 입는 것이 더 유익할 거야.

셋째, 우리의 삶에 대한 하나님의 뜻을 생각해보자. 대부분의 젊은 여자들은 예쁘고 인기 많고 사랑받기 원하지. 그래서 사탄은 우리의 생각 속에서 이런 사상들을 왜곡하여 "모두 그렇게 해. 내 몸이니까 내 마음대로 할 수 있어"라고 말하게 해. 이런 생각은 바로 에덴으로 돌아가는 거야.

하와는 동산 가운데 있는 나무의 열매를 먹지 말라는 하나님의 말씀을 들었지만, 그것이 과연 그녀 자신의 이익을 위한 것일까 의심했어. 사탄의 말을 듣고 "좋은 생각인데? 나는 내가 먹고 싶은 걸 먹을 거야"라고 생각했을지도 모르지.

"여자가 그 나무를 본즉 먹음직도 하고 보암직도 하고 지혜롭게 할 만큼 탐스럽기도 한 나무인지라 여자가 그 열매를 따 먹고"(창 3:6).

결국 하와는 하나님께 불순종했어. 자신의 규칙을 만들고 창조주가 그녀를 위해 만드신 규칙을 따르지 않아도 된다고 결정한 거야. 우리는 그다음에 어떻게 되었는지 성경을 통해 알고 있어. 즉 죄가 세상에 들어왔고, 그와 더불어 수치심과 악, 정욕, 살인 등 그 밖의 모든 것이 들어왔지!

네가 입는 옷은 그에 비해 단지 개인적인 선택으로 보일 수 있어. 그러나 그 선택은 그렇게 단순하지 않단다. 그것은 네가 하나님에 대해 어떻게 생각하는지, 네가 내리는 결정들 속에서 하나님의 역할에 대해 어떻게 생각하는지를 드러내는 거야. 하나님의 뜻은 네가 옷차림으로도 하나님을 사랑하고 다른 사람들을 섬기는 단정한 여성이 되는 거야.

바울은 또한 이런 권면을 했어.

> 형제들아 내가 하나님의 모든 자비하심으로 너희를 권하노니 너희 몸을 하나님이 기뻐하시는 거룩한 산 제물로 드리라 롬 12:1

사례 들여다보기 - 데이트 현장

여기에 젊은 그리스도인 여성으로서 네가 고민하고 있을지 모르는 몇 가지 사례가 있어. 젊은 여자는 데이트하고 싶은 젊은 남자에게 어떻게 말을 걸고, 행동하며, 관심을 표현하고, 그를 알아갈까? 아마도 이 장면은 네가 너 자신의 행동을 생각해볼 때 도움이 될 거야.

데이트는 결혼까지 이어질 수 있는 관계를 형성하는 초기 단계야. "나는 이 남자와 결혼하기 원하는가?"라는 질문을 항상 염두에 두렴. 또래들 사이에서 높아진 위상, 육체적 만족 등 데이트를 통해 얻을 수 있는 것만 생각해서는 안 돼.

데이트는 네가 관심을 갖고 매력을 느낀 남자의 성품과 가치에 대해 알아가는 과정이야. 처음에는 매력을 느끼는 데서 시작될지 모르지만, 데이트는 그가 너의 기독교 신앙을 공유할 것인지 분별하는 과정이야.

그가 하나님과 다른 사람들을 존중하고, 친절하고 사려 깊게 다른 사람들을 섬기는 것이 무엇을 의미하는지를 이해하며, 그리스도인 여자로서 네 단점까지 모두 인정해줄 것인지를 판단하는 것이란다.

사례 1 "한 학기 내내 영어 수업을 같이 듣는 한 남학생에게 인사를 건넸어요. 하지만 거기까지였죠. 어떻게 하면 그와 더 가까워질 수 있을까요?"

활짝 웃으며 인사하는 것은 좋은 출발점이야. 어떤 날은 강의가 끝날 때 그와 함께 나가는 것도 좋아. 그에게 과제에 대해 질문하고, 다음 시험에 관해 네가 들은 것을 말하며 가벼운 농담을 주고받아봐. 서로 점차 좋은 친구가 될 거야. 어쩌면 둘 중 한 사람이 동아리 활동을 함께하자고 제안하게 되겠지.

그런데 서로 알아가면서 실제로 둘 사이에 공통점이 많지 않다는 것을 알게 될 수도 있어. 한 사람에게 모든 희망을 걸지 않는 것이 더 현명한 이유지. 가장 좋은 방법은 여러 사람에게 마음을 열고 대화를 나눠보는 거야.

사례 2 "수업 후에 그에게 말을 걸 용기를 내기까지 몇 주가 걸렸어요. 그런데 그는 '그만 갈게'라고 말하고는 그냥 가버렸죠. 제게 무슨 문제가 있는 것일까요?"

네게는 아무 잘못이 없어. 어쩌면 너만큼 그도 너와 이야기하는 것이

긴장될 수 있어. 그가 좀 더 편안하게 느낄 만한 상황에서 말을 걸어봐. 그가 여전히 쌀쌀맞게 보이더라도 기분 나쁘게 받아들이지 말렴. 너 자신에게, 또 누군가와 데이트를 하기 원하는 이 모든 상황에 대해 인내심을 가져.

처음에는 친구 관계를 발전시키는 것에 초점을 둬. 네가 연애하고 싶은 사람을 찾는 일에 중점을 두지 않는 것이 좋아. 너의 목표는 네가 그를 알아가기 원하는 만큼 너를 알아가는 데 관심이 있는 남자를 찾는 거야. 대개 우정이 자라서 서로에게 마음이 끌리고 존중하게 될 때 데이트를 하게 된단다.

사례 3 "6주간의 역사 수업이 끝난 후, 한 남자 아이에게 말을 걸었고 그가 드디어 데이트 신청을 했어요. 그런데 그것은 재앙이었죠. 우리 둘 다 전혀 즐겁지 않았어요. 무엇이 잘못된 것일까요?"

아마도 서로 공통점이 별로 없었을 거야. 다음번에는 네가 좀 더 편안하게 느끼는 사람을 알아가보렴. 처음에 네 친구가 된 소년처럼 말이야. 잘 아는 소년들이 없으면, 남녀가 함께하는 그룹을 찾아봐.

사례 4 "소개팅에 나가는 것은 잘못된 것인가요?"

많은 성공적인 결혼생활은 두 사람을 아는 개인이나 커플이 남자와 여자를 소개시켜주는 데서 시작되었어. 그러나 대체로 사람들은 단둘이 데이트를 하며 시간을 보내기 전에 서로의 친구들과 함께 어울리면서 누군가를 알아갈 때 좀 더 편안함을 느낀단다.

사례 5 "성적인 만남은 어떤가요?"

성적인 만남은 데이트가 아니야. 그 목적이 애무나 성관계를 가지려는 것이기 때문이지. 방금 만난 사람과 성적인 관계를 갖지 말라는 경고는 어린아이에게 낯선 사람을 따라가지 말라는 경고와 같아. 그 결과는 굉장히 충격적일 수 있어. 너는 사람을 잘 알아본다고 생각할 수 있고, 상대방이 멋지거나 귀여워 보일 수도 있지만, 첫인상은 종종 정확하지 않아.

성적인 만남을 가지려는 사람들은 즉각적인 만족을 원해. 그들은 하룻밤 성관계에서 재미를 찾으려 하지만, 그것은 매우 위험하며 생명을 위협하는 것이 될 수도 있어. 네가 남자들과 함께하기를 기대하는 것이 이것이니?

단지 네가 얻을 수 있는 것만 보고, 특히 그저 성관계를 갖기 위해서 남자에게 다가가는 것은 결코 좋은 생각이 아니야. 그런 접근은 이기적이고 그 남자를 존중하지 않는 것이지. 다른 사람을 무시하는 것은 또한 하나님과 하나님의 백성들을 향한 그분의 뜻을 무시하는 행동이야.

성적인 행위를 목적으로 모르는 남자를 만나는 것은 하나님께 불순종하는 것이며, 상대방과 너 자신에게 무례를 범하는 거야. 성관계를 위한 만남은 건강한 관계를 위한 하나님의 뜻이 아니란다. 그런 만남은 대부분 진실한 관계로 이어지지 않아. 사실 그들은 의도적으로 진정한 관계를 맺는 일을 회피해. 그것은 데이트나 교제를 대신하는 것으로, 우정이나 친분 관계를 손상시키고 복잡하게 만들며 혼란만 일으킬 뿐이야. 만일 네가 어떤 사람을 성적인 파트너로 이용하고 있거나 이용할 계획이라면, 너는 성에 대한 하나님의 뜻과 계획에서 멀리 떨어져 있는 거야.

하지만 너는 절제할 수 있어! 유혹이 커지는 상황들을 피하고 하나님의 영이 너를 인도해주시기를 기도하렴. 성에 대한 하나님의 계획을 기억하고, 하나님이 성관계를 결혼생활 안으로 제한하시는 타당한 이유들을 생각해. 이것은 너를 안전하고 건강하게 지키는 것이며, 미래의 남편에게 줄 순결한 선물이란다.

사례 6 "데이트를 원하지 않으면 문제가 있는 것인가요?"

많은 젊은이가 십대일 때는 거의, 혹은 전혀 데이트를 하지 않아. 십대들은 보통 동성이든 이성이든 친구들을 친구로 사귀고, 함께 시간을 보내지.

학교 스포츠 행사, 방과 후 모임, 비디오 게임 등을 하기 위해 그룹으로 모여. 때로는 그 그룹 안에서 더 친밀한 우정이 형성되기도 해. 사람들은 속마음을 털어놓고 이야기할 수 있는 사람들을 찾거든. 이 모든 활동은 실제로 네가 미래의 남편에게 원하는 특성들이 무엇인지 알게 되는 훌륭한 방법이란다.

가장 재미있는 그룹들은 멤버십에 대해 굉장히 융통성이 있어. 새로 오는 사람들을 환영하고, 그 누구도 활동에 참여해야 한다는 압력을 받지 않아. 종종 한 사람이 여러 비공식적인 그룹에 속하기도 할 거야. 그것은 이성 친구들과 좀 더 편하게 지내기 위한 쉬운 방법이란다.

사례 7 "제 아버지는 남자친구의 집에 부모님이 계시지 않을 때는 가지 못하게 하세요. 또 남자친구가 우리 집에 오면 몇 분 이상 우리 둘만 있게 하지 않으시죠. 왜 저를 믿지 못하시는 것일까요?"

아마도 아버지는 너의 진실성을 믿고 신뢰할 만하다고 생각하시지만, 너의 판단력에 대해 약간 불안해하시는 것일 거야. 좋아하는 사람과 단둘이 있으면 매우 흥분될 수 있거든. 네가 의도한 것보다 더 멀리 가고 싶은 유혹이 들 거야.

그렇다고 네 몸이 너를 장악해서 너 스스로 멈출 수 없을 것이라는 뜻은 아니야. 멈추는 것은 언제나 가능해. 하지만 매우 어려울 수 있어. 아버지는 너를 믿지 못하는 게 아니라, 네 남자친구를 유혹이 강한 상황에 두지 않기를 원하시는 걸 거야. 아버지는 아마 너를 보호하는 것에 가장 관심을 두고 계실 테니 말이야.

사례 8 "저는 그와 사귈 의도가 없었어요. 그런데 지금은 모두 우리를 커플로 생각해요. 3주 동안 주말마다 데이트를 했거든요. 그에게 상처를 주고 싶지 않지만, 이 갇힌 느낌이 싫어요. 어떻게 하면 여기서 벗어날 수 있을까요?"

위험을 감수하고 네 감정을 그 친구에게 털어놔. 네가 그와 함께 있는 것이 정말로 즐거운지 명확히 해야 해. 어쩌면 그도 답답함을 느꼈을 거야. 누군가와 데이트를 해야 한다는 압박감이 이 기간에 매우 강할 수 있어.

너의 정체성은 네가 누구와 데이트를 하고 있는지, 또는 데이트를 하고 있는지의 여부에 근거한 것이 아님을 기억하렴. 사귀기로 결정하는 것은 매우 신중해야 하며 진지한 노력을 기울여야 하는 일이야. 네가 지금 그럴 준비가 되어 있지 않다면, 솔직하게 털어놓고 그도 그리스도인의 교제와 우정에 만족하도록 격려해줘.

사례 9 "때로는 데이트하는 것이 좀 무서워요. 저는 잘 알지 못하는 사람과 단둘이 있는 것이 불안해요. 데이트 강간에 대해 걱정해야 할까요?"

너와 함께 시간을 보내는 사람들을 잘 파악하고, 모르는 사람들과 함께 있는 위험한 상황들을 피해야 해. 잠재적으로 해가 될 만한 상황들을 인식하고, 판단력을 손상시키는 술 같은 것들을 피함으로써 행동을 조절할 수 있는 상태를 유지하는 것이 가장 좋아.

또한 너는 과음했거나 다른 이유로 스스로 제어할 수 없는 상태에 놓인 다른 젊은 여성들을 보살피고 보호해줄 수 있어. 그들의 부모님께 전화하거나 그들이 안전하게 귀가하도록 도와줄 수 있을 거야.

다른 방법은 사교 모임이나 파티에서 사람들이 통제 불능이 된 상황을 보았을 때 큰 소리로 분명하게 말하는 거야. 누가 위험에 처할 수 있는지 알아채야 해. 문제가 있으면 책임자들에게 알리렴. 대학 캠퍼스에 있다면 경비원을 부르고, 집이나 다른 공공장소에 있다면 경찰을 불러. 가해자들에게 책임을 지울 수 있도록 범죄 사실을 알리는 것이 중요해.

성폭행으로부터 스스로 보호하는 가장 좋은 방법은 너의 성적인 제한선이 무엇인지 미리 결정하고 데이트 상대에게 분명하고 단호하게 전달하는 거야. 데이트 강간은 종종 성희롱에서부터 시작해. 원치 않는 접촉, 성적인 농담, 또는 이중적인 의미를 지닌 말들을 하는 거지. 이런 행동이 계속되면 네가 즉시 떠날 것이라는 메시지를 큰 소리로 분명하게 전달할 필요가 있어.

그런데 술이나 약물을 복용하는 사람들은 상황을 통제하기가 훨씬 더 어려워. 너에게 술을 권하거나 시험 삼아 약물을 해보라고 권하는 사람을 조심해!

데이트 강간범은 종종 자기를 유혹한 피해자에게 책임을 돌리려 할 거야. 하지만 각 사람은 자신의 행동에 대한 책임이 있어. 여자가 거절했는데도 남자가 억지로 밀어붙이려 하면, 그것은 강간이야! 그저 '흥분 상태에 빠진' 남자의 행동이 아니라 범죄 행위지.

남자들은 다음 사실을 이해할 필요가 있어.

- 한 여자를 압박하여 원치 않는 성적 접촉을 하게 만들기 위해 폭력이나 강압, 술, 마약을 사용하는 것은 절대 안 돼.
- 남자가 한 여자에게 쓴 돈의 액수는 아무 자격도 부여해주지 않아.
- 여자가 싫다고 하면 진짜 싫은 거야.

- 연인 사이에 서로 아무리 흥분된 상태라도 둘 다 성적인 행동을 자제할 수 있어.
- 술이나 마약 때문에 명확한 사고와 현명한 판단을 할 능력이 사라진다 해도 여전히 자기 행동에 대한 책임을 져야 해.

강간은 끔찍한 죄야. 하나님이 성폭행을 포함한 모든 죄를 용서해주시더라도 피해자의 정신적 상처는 사라지지 않아. 게다가 피해자는 원치 않는 임신에 대처해야 할지도 몰라. 슬픈 현실은 이런 상황에서 많은 사람이 낙태를 선택하게 된다는 것이지.

"데이트 강간 약물은 무엇인가요?"

다른 사람들을 성적으로 이용하려 하는 사람들은 판단력을 손상시키거나 기억 상실을 일으켜 성폭행을 용이하게 하는 약물들을 사용해. GHB(흔히 '물뽕'이라고 불러) 같은 데이트 강간 약물은 음료에 섞으면 찾아내기가 어렵고 술과 함께 섭취했을 때 효과가 더 커지지. 이 약물들은 사람들이 강도, 폭행 등 범죄를 저지르는 데 사용되어 왔어. 우리는 잘 알지 못하는 사람과 함께 있을 때, 다음과 같은 방법들로 데이트 강간 약물로부터 자신을 보호할 수 있어.

- 다른 사람이 따준 음료는 받지 마. 네가 직접 용기 뚜껑을 열어야 해.
- 네 음료는 항상 네가 갖고 있어.

- 음료를 같이 나눠 마시거나 같이 사용하는 병에서 음료를 따라 마시지 마. 거기에 약물이 들어 있을지도 몰라.
- 색다른 맛이나 냄새가 나는 것은 마시지 마(GHB는 짠맛이 나).
- 서로서로 조심할 수 있게 친구들과 늘 함께 있어.

너나 네 친구가 타겟이 된 상황에서 어떻게 할지 미리 생각하고 계획을 세워놓으면 훨씬 더 자신감을 갖게 될 거야. 또 자기방어에 대한 수업을 들음으로써 좀 더 자신감을 갖게 될 수도 있어. 마지막으로, 죄가 추악한 모습을 드러낼 때도 하나님이 항상 너와 함께하신다는 것을 기억해.

> 강하고 담대하라 두려워하지 말며 놀라지 말라 네가 어디로 가든지 네 하나님 여호와가 너와 함께 하느니라 수 1:9

사례 10 "여자가 강간을 당하면 어떻게 해야 하나요?"

강간은 한 사람이 다른 사람에게 성교를 강요할 때 일어나. 물론 소년들도 강간을 당할 수 있지만, 대체로 피해자는 여자들이야. 대부분의 심리학자는 강간이 폭력 범죄이며, 강간범은 성적 쾌락을 얻는 것보다 피해자를 해치고 겁을 주기 원한다고 봐.

강간을 당하면 반드시 곧바로 병원이나 경찰서로 가야 해. 의사가 상처를 살피고 강간이 일어난 증거를 찾아줄 거야. 의사는 여자의 질 안에서 정자를 찾고, 성병을 예방하기 위한 조치를 취해줄 거야. (그녀의 동의 없이는 경찰에 알리지 않을 거야. 그러나 그녀가 미루거나 먼저 몸을 씻어버리면 아무것도 입증하지 못할 가능성이 있어.)

의사가 상담 기관을 추천해줄 수도 있어. 피해자들에게는 의학적 치료와 함께 영적, 정서적인 도움도 필요하거든. 그들은 그리스도 안에서 필요한 지원을 받기 위해 목회자나 신뢰하는 그리스도인에게 도움을 구해야 해.

사례 11 "학대 관계는 무엇인가요?"

사람들이 종종 학대를 받으면서도 그 관계를 계속 유지하는 이유는 혼자 있는 것보다는 낫다고 여기기 때문이야. 자존감이 낮은 사람들은 이렇게 말하기 쉬워.

"다 내 탓이야. 우리가 헤어지면 나를 사랑해줄 다른 사람을 찾지 못할 거야."

그들은 자신이 하나님의 사랑과 귀히 여김을 받는 특별한 사람들이라는 사실을 잊어버려. 하지만 하나님은 도망칠 용기와 홀로 있는 기간을 견딜 인내심, 새로운 사람과 건강한 관계를 형성하기 위해 필요한 자신감을 주실 수 있고, 기꺼이 도와주셔.

학대 관계란 한 사람이 다른 사람을 통제하려는 언어적, 정서적, 육체적 학대의 반복적인 패턴이 있는 관계야. 연인 관계에서 여자는 남자친구가 그의 친구들과 취미활동을 다 버리고 모든 자유 시간을 그녀와 함께 보내지 않으면 헤어지겠다고 협박할지 몰라. 남자는 자기가 모든 결정을 내리겠다고 우기거나, 성관계를 갖지 않으면 폭력을 가하겠다고 위협할지도 모르지.

일단 한 사람이 이런 감정적 협박에 굴복하면 다음에 자신의 권리를 지키기가 더 어려워져. 학대하는 사람은 계속해서 상대방이 그의 뜻에 따르도록 만들기 위해 뭐든지 하려고 하기 때문이야.

남자가 폭력으로 위협하거나 실제로 여자를 다치게 하도록 내버려두면 그 폭력은 계속될 거야. 더러는 학대한 사람이 회심하여 용서를 구할 때도 있겠지만, 거의 대부분은 폭력의 형태를 반복해. 외부의 도움이 있어야만 자신의 행동에 대한 책임을 받아들이고 스트레스와 갈등을 다루는 새로운 방법을 배울 수 있을 거야.

사례 12 "제가 학대 관계 속에 있는지 어떻게 알 수 있나요?"

네 남자친구의 행동을 점검해보렴.

- ☐ 쉽게 자주 화를 내니?
- ☐ 물건을 파괴하거나 사람들을 거칠게 대함으로써 분노를 다스리니?
- ☐ 항상 너를 깎아내리니?
- ☐ 고의로 네 감정을 상하게 하니?
- ☐ 친구들 앞에서 자주 너를 무안하게 만드니?
- ☐ 그가 정말로 네게 상처를 주었다는 것을 믿지 않으려 하니?

- ☐ 예전 여자친구들을 자랑하니?
- ☐ 두 사람 모두에게 영향을 미치는 결정을 모두 자기가 하겠다고 우기니?
- ☐ 네가 어디에 있고 누구와 전화 통화를 했는지 알려고 하니?
- ☐ 친구와 어울리고, 가족과 교류하며, 이성 친구와 대화하는 일상생활을 방해하니?
- ☐ 네가 그가 원하는 것을 하도록 만들기 위해 협박하니? (금전 거래 또는 신체적인 해를 가하겠다는 협박이 포함될 수 있어. 예를 들어 "난 널 떠날 거야", "네 비밀을 모두에게 말할 거야", "다시 너를 때릴 거야", "자살할 거야" 등과 같은 위협이 있지.)
- ☐ 네가 벌을 받거나 학대를 받을 만하다고 느끼게 만드니?
- ☐ 네게 관심이 있는 사람들로부터 너를 떼어놓니?
- ☐ 네가 다른 의견을 표출하면 크게 화를 내서, 넌 항상 평화를 유지하기 위해 져주니?

위의 질문 중 하나라도 그렇다고 대답했다면 너는 학대 관계 속에 있으며 도움이 필요할 거야. 네가 아무것도 하지 않으면 상황은 더 나빠질 것이 확실해. 너를 나쁘게 대하는 사람과 결혼할 생각조차 하지 마. 하나님의 계획은 부부 관계가 존중과 사랑의 관계가 되는 거야. 결코 의존과 두려움의 관계가 되는 것이 아니지. 학대는 육체적인 것만이 아니라 감정적 학대, 언어적 학대, 강압적인 행동을 포함해. 너 또는 네 친구가 학대를 받고 있다면 그것을 용인하지 않겠다는 뜻을 보여줄 안전한 방법을 찾으렴. 부모님이나 믿을 만한 어른에게 도움을 요청해.

너는 또한 건강한 관계가 어떤 것인지 본을 보여줄 다른 어른을 찾을 수 있어. 오랫동안 결혼생활을 해온 부부들은 그들의 결혼생활에 대해 기꺼이 이야기해줄 거야.

성경의 사랑에 대한 묘사는 우리에게 그리스도에 대해 가르쳐줘. 또한 남편과 아내가 취해야 할 태도와 행동에 대해서도 가르쳐주지. 그리스도인의 모든 삶은 우리가 서로 사랑하지 못하는 것에 대한 슬픔과 성령이 계속해서 서로를 향한 사랑 안에서 우리를 강하게 해주시길 기도하며 바라는 인내심을 나타낼 거야.

> 사랑은 오래 참고 사랑은 온유하며 시기하지 아니하며 사랑은 자랑하지 아니하며 교만하지 아니하며 무례히 행하지 아니하며 자기의 유익을 구하지 아니하며 성내지 아니하며 악한 것을 생각하지 아니하며 불의를 기뻐하지 아니하며 진리와 함께 기뻐하고 모든 것을 참으며 모든 것을 믿으며 모든 것을 바라며 모든 것을 견디느니라 고전 13:4-7

사례 들여다보기 - 관계

한 남자와 데이트를 시작하고 함께 보내는 시간이 더 많아지면, 관계 속에서 기쁨과 좌절을 경험하기 시작할 거야. 연인 관계에는 어느 정도의 헌신과 기대가 있기 마련이거든.

그러나 연인 관계는 결혼생활이 아니니, 서로 결혼의 모든 혜택과 도전을 기대해선 안 돼. 성적 친밀감, 경제적 책임, 감정적인 연약함, 상대방의 필요를 위한 온전한 헌신 등은 결혼생활에서 누릴 수 있어.

연애할 때는 여전히 한계와 경계선들이 있어. 이것은 너와 네 남자친구를 위한 하나님의 계획이야. 결혼이 너와 네 남자친구가 함께할 미래의 일부인지 너 자신과 서로에게 계속 물어봐야 해. 만일 그렇지 않다면 그 관계에서 뒤로 물러나는 것이 순서일 거야.

결혼이 두 사람과 아무 관련이 없다면, 헤어질 때 깊은 감정적 상처를 받을 위험이 있어. 또 결혼이라는 담보 없이 성적 친밀감을 키워가고 싶은 유혹이 점점 더 커져만 갈 거야.

이 관계가 마음의 상처를 향해 가고 있는지, 결혼이라는 평생의 헌신으로 향하고 있는지 판단하는 데 도움이 될 만한 몇 가지 사례를 들려줄게.

사례 1 "만 17세 동갑내기 커플인 남자친구와 저는 남은 생을 함께하기 원해요. 하지만 앞으로 몇 년간 우리가 많이 변할 것이라는 사실을 알기 때문에, 너무 빨리 진지한 관계가 되는 것은 피하고 싶어요. 어떻게 하면 좋을까요?"

두 사람이 각각 다른 직장, 학교, 동호회 등 서로 관련 없는 활동을 해보는 것이 좋아. 이것은 개인으로서 너 자신을 알아가는 데 도움이 될 거야. 네 관계 속에서 일어나는 일에 대해 솔직하게 이야기하렴.

미래에 대한 개인적인 계획을 세우고, 공동의 계획들은 잠정적이어야 함을 상기하렴. 결혼과 성에 대한 하나님의 계획에 대해 이야기하고, 어떻게 하면 성적 순결을 지킬 수 있을지 나눠봐. 너무 일찍 육체적 친밀감으로 연결되어 서로 상처를 주는 일이 없도록 함께 하나님의 도우심을 구하렴.

두 사람이 변하여 헤어지기로 결정한다면, 아무 부끄러움 없이 헤어질 수 있고 친구로 남을 수도 있어. 관계를 돌아보면서 네가 배운 것들을 소중히 여기렴. 네가 남자친구를 어떻게 대했는지, 미래의 남편을 위해 어떻게 성적 순결을 지킬 수 있었는지 생각해보는 것은 좋은 일이야.

사례 2 "남자친구를 질투하지 않을 수가 없어요. 어느 날, 그의 주머니에서 쪽지 하나가 떨어졌죠. 얼른 주워 읽어보니 다른 여자에게 온 것이었어요! 역사 과제에 관한 내용이었지만 몹시 화가 났어요. 그가 제 남자친구라면, 다른 여자들과 쪽지를 주고받는 일은 하지 말아야 하는 것 아닌가요?"

'네 남자친구'라는 말이 너와 가깝고 서로 배려하는 관계를 의미하니? 아니면 그를 소유하는 것을 의미하니? 연인 관계 이외의 생활이 아예 없는 사람은 극히 드물어. 그리고 결혼생활 속에서도 대부분의 사람은 특별히 권유받지 않는 한 배우자의 메일을 읽지 않아.

지금 네 관계들은 하나님의 계획에 따른 결혼생활을 위해 매우 중요한 특징과 가치에 대해 가르쳐줘. 신뢰는 이러한 특징들 가운데 하나야. 너는 너의 가장 좋은 모습을 볼 때나 그렇지 못할 때, 행복할 때나 행복하지 못할 때, 너 자신을 보살필 수 있을 때나 다른 사람의 도움이 필요할 때 남편이 너를 사랑하고 보살펴줄 것이라고 믿을 거야. 결혼은 어떤 일이 있어도 네 남편이 오직 너를 위해 그 자리에 있다는 안정감을 가져다줘. 따라서 남자친구가 그를 믿지 못할 이유를 제공하지 않는 한, 네 남자친구를 믿는 것이 중요해.

그가 다른 여자들과의 관계를 어떻게 생각하는지 더 잘 이해하기 위해 함께 대화를 나눠보렴. 그는 너와 사귀는 동안에도 다른 여자들과 시시덕거리는 것이 괜찮다고 생각하니? 그가 다른 여자들과 관련된 계획들을 세울 때 너를 포함시키니?

이런 유의 질문들에 대한 대답은 그가 과연 두 사람이 결혼을 향해 가고 있다고 생각하는지 판단을 내리는 데 도움이 될 거야. 그렇지 않다면, 뒤로 물러나 연애 관계를 끝내는 것이 좋아.

사례 3 "집에서 약 240킬로미터 떨어진 캠프장에서 여름 아르바이트 제안을 받았어요. 그런데 제 남자친구는 여기 이 도시에서 좋은 직장에 다니고 있죠. 제가 떠나면 우리는 여름 내내 서로 보지 못할 거예요. 저는 돈과 경험이 필요해요. 하지만 남자친구를 잃을 위험을 감수할 만큼 그것이 가치 있는 일일까요?"

가을이 올 때까지 두 사람은 좀 더 독립적이고 재미있는 사람들이 될 거야. 함께 나눌 새로운 경험과 아이디어가 많아지겠지. 결국 두 사람은 전보다 더 가까워질 수 있단다.

네가 집에 머물더라도 관계가 끝날 수 있어. 연애는 다른 사람에 대해 알아가고, 그리스도인의 결혼생활에 필요한 섬김과 헌신과 용서에 대해 그가 너와 같은 생각인지 알게 되는 과정이야. 그 과정에서 때로는 연애 관계를 끝내는 것이 최선이라는 것을 알게 된단다. 관계가 끝날 때는 마음이 아프지만, 지금 남자친구에게 집착하고 단 하나의 사건으로 네 인생이 끝날 수 있다고 믿는 것은 두 사람 다 좀 더 성숙할 필요가 있음을 보여주는 거야.

지금 네가 해야 하는 결정처럼 중요한 결정들은 남자친구를 잃을 것에 대한 두려움 때문에 영향을 받아서는 안 돼.

사례 4 "4개월 정도 만난 남자친구가 최근에 결혼에 대해 이야기해요. 그를 많이 좋아하지만 저는 아직 진지한 관계를 생각할 준비가 안 됐어요. 그렇다고 그를 잃고 싶지 않고, 그에게 상처를 주고 싶지도 않아요. 어떻게 해야 할까요?"

남자친구에게 솔직하게 말해. 네 생각과 마음을 잘 전달할 수 있도록 예수님께 도움을 구하렴. 대화를 나누는 것이 힘들 수 있지만, 네가 그 친구와 같은 미래를 바라보고 있다고 믿게 하는 것은 옳지 않아.

이대로 그냥 내버려 둔다면 어떻게 될까? 어린 나이에 계속 데이트를 하다 보면 두 사람이 준비되기 전에 결혼을 맞이할 수 있어. 그리고 5년이나 10년 뒤, 너는 그렇게 이른 나이에 다른 선택을 차단한 것을 후회하며 결혼생활을 그만두고 싶을지도 몰라.

물론 많은 어린 부부가 결혼생활을 잘하고 있어. 하지만 통계에 의하면 이십대에 결혼하는 사람들에 비해 십대에 결혼한 커플이 결혼생활에 실패할 가능성이 세 배 더 높다고 해. 지금 힘들다고 해서 솔직한 대화를 피하면 나중에 두 사람 모두에게, 어쩌면 자녀들에게까지 더 많은 고통을 줄 수 있단다.

사례 5 "저는 지금 좋아하는 남자친구가 있어요. 하지만 계속 완벽한 남자를 찾아야 할 것만 같아요."

네게 맞는 사람을 찾게 해달라고 기도하고 있다면 하나님을 굳게 믿고 신뢰해. 하나님이 다스리고 계시며, 하나님은 언제나 우리의 가장 큰 유익을 생각하셔. 네 믿음과 가치관을 공유하고 주님을 사랑하며 결혼에 대한 하나님의 계획을 이해하는 남자를 찾을 그리스도인의 자유가 네게 있단다.

네게 좋은 남편이 되어줄 많은 남자가 있을 거야. 너는 그들 가운데 너와 맞는 한 사람을 기대하며 찾아나가야 해. 하나님은 너를 위한 소울메이트를 만들지 않으셨어. 그러나 네 결혼생활에 복을 주시기로 약속하시며, 육체적으로나 감정적으로 두 사람을 결합시켜주실 거야. 성경에 따르면 남자와 여자가 결혼할 때 짝을 지어주시는 분은 하나님이셔(막 10:9).

그러나 죄의 결과로 인해 너는 삶과 관계들 속에서 어려움을 겪을 거야. 언제나 네 뜻에 동의하고 너를 완전히 행복하게 만들어주는 사람을 찾을 수는 없어. 너는 죄인들과 데이트할 것이고, 결혼을 한다면 죄인과 결혼할 거야. 너도 죄인이라는 사실을 명심하렴. 하지만 그리스도의 용서가 너와 (네가 결혼을 한다면) 네 미래의 남편에게 주어진단다. 네게 딱 맞는 사람 또는 완벽한 사람은 없어. 오직 그리스도만이 완전하셔.

네가 지금 좋아하는 남자에 대해 더 많이 알아가고, 네가 품은 그리스도를 향한 사랑과 하나님의 계획대로 다른 사람을 섬기고자 하는 갈망을 그도 품고 있는지 알아봐!

사례 6 "남자친구와 헤어진 후 계속 속상해요. 먹지도 자지도 못하고, 공부도 못 하겠어요. 하는 일이라곤 빈둥거리며 그 친구 생각만 하는 거예요. 도와주세요!"

네가 느끼는 슬픔은 아주 강력한 감정이야. 아마 다시는 진정으로 행복해질 수 없을 것이라고 느낄 거야. 성경, 특히 "여호와여 나의 영혼이 주를 우러러보나이다"로 시작하는 시편 25편 말씀을 읽으렴. 네 감정에 대해 예수님께 이야기해. 얼마나 마음이 아픈지 말씀드려. 처음엔 기분이 나아지지 않겠지만, 주님이 듣고 계시며 너를 보살펴주셔.

예수님은 종종 다른 사람들을 통해 일하신다는 것을 기억하렴. 네 감정에 대해 털어놓을 수 있는 믿을 만한 친구를 찾아봐. 그리고 예전 남자친구 생각이 날 때면 이 힘든 시간이 곧 지나갈 것이라는 사실을 분명히 상기하고 다른 일을 해봐. 가족과 다시 가까워지고, 새로운 관심사를 갖게 되며, 다른 친구들과 즐거운 시간을 보낼 좋은 기회란다. 가능하다면 전 남자친구와도 새로운 형태의 친숙한 관계를 형성해보렴.

다른 사람과 다시 데이트를 시작할 때는 당분간 조심하도록 해. 네 마음이 깊은 상처를 입었기 때문에 섣불리 새로운 관계를 맺지 않는 것이 좋아. 어쩌면 무의식적으로 네가 여전히 사랑스러운 사람이라는 것을 입증하기 위해 새로운 사람을 이용하고 있을지도 몰라.

사례 들여다보기 - 친밀감

데이트 관계에서 너는 어떤 식의 육체적 친밀함이 성에 대한 하나님의 계획과 일치하는지 발견해가게 될 거야. 네가 어릴 때부터 배워온 그리스도인의 신념과 가치들이 이때 처음으로 실제적인 도전을 받게 될 테지.

성에 대한 하나님의 계획은 좋은 것이며, 너와 미래의 남편에게 유익할 거야. 하지만 이것을 안다고 해서 성적으로 순결하고 품위 있는 삶을 유지하는 것이 쉬운 것은 아니야. 죄와 이기적인 욕망을 뿌리치는 것은 결코 쉽지 않아.

다음 사례를 보고 어떻게 이 사례들이 성에 대한 하나님의 선한 계획에 대하여 네가 믿고 고백하는 바와 일치하는 결정을 내리는 데 도움이 될지 생각해봐. 그리고 너와 네 남자친구가 유혹을 뿌리치고, 육체의 연약함을 극복하도록 도와줄 신뢰와 사랑과 이해의 관계를 키워갈 수 있는 힘을 달라고 기도하렴. 너는 하나님의 뜻을 알고 있어. 그 뜻 안에 거할 수 있도록 용기와 힘을 달라고 기도하렴!

사례 1 "저 자신과 남자친구를 존중하면서 어디까지 갈 수 있을까요?"

누군가가 너를 존중해주기 전에, 너 자신을 존중해야 해. "어디까지 갈 수 있을까요?"라고 묻는 대신, 하나님의 자녀로서 너와 남자친구에게 가장 좋은 것이 무엇인지 생각해보렴. 창조주 하나님을 높이는 방법은 무엇일까?

하나님은 성적 친밀함을 결혼생활을 위해 아껴두셨어. 성관계와 다른 성적 행위들은 다 성적인 친밀함이야. 아마 가장 현실적인 것은 네가 어디까지 갈 수 있는지에 대해 양심의 판단에 맡기는 거야. 양심은 죄악된 욕망을 억누르도록 돕기 위해 하나님이 주신 선물이거든.

네가 키스하고 남자친구를 꼭 안고도 여전히 그에 대한 생각을 성적으로 순결하게 유지할 수 있다면, 그것은 얼마나 멀리 갈 것인지에 대한 좋은 지침이 돼. 하지만 네가 좀 더 격렬하게 키스하고 포옹하며 네 몸이나 남자친구의 몸이 더 멀리 나아가도록 촉구하기 시작한다면, 그때는 너무 멀리 간 거야. 너희 둘 다 멈추고 자제력을 발휘할 필요가 있어.

하나님은 네가 다르기를 바라셔. 하나님의 백성들이 구별되기를, 즉 예수님을 자신의 구주로 알고, 믿지 않는 사람들과 같이 행동하지 않기를 원하셔.

모든 사람에게 구원을 주시는 하나님의 은혜가 나타나 우리를 양육하시되 경건하지 않은 것과 이 세상 정욕을 다 버리고 신중함과 의로움과 경건함으로 이 세상에 살고 딛 2:11,12

사례 2 "남자와 어느 정도 친밀한 관계를 가져도 되는지 어떻게 알 수 있을까요?"

좋은 관계는 하나님의 말씀을 기반으로 하며 존중과 책임, 소통을 포함해. 두 사람이 나누고자 하는 친밀함은 하나님의 말씀에 비추어 서로 논의해야 한단다. 친밀함과 성에 대한 하나님의 계획에 대해 서로 논의하는 것이 불편하다면, 정말로 성관계를 갖는 다음 단계로 나아가야 한다고 말할 수 있을까?

두 사람이 성적 순결함과 품위, 결혼의 선물에 대한 각자의 생각을 나누지 않았다면, 한 걸음 물러나 네가 하나님에 대해 믿는 다른 근본적인 것들에 대해 먼저 논의하기 시작해야 할 때야.

육체적 친밀함의 한계에 대해 의논했으면, 이제 하나님이 너희를 위해 정해주신 경계선들을 존중해야 해. 네 남자친구가 이러한 경계들을 정하고 존중하는 데 리더십을 보여주길 기대해도 돼. 미래의 남편으로서 가정을 어떻게 이끌지 배우는 것은 그의 의무에 속한 일이란다.

사례 3 "남자친구가 제게 매력을 느끼기 원하고, 그와 알콩달콩 지내는 것을 즐겨요. 하지만 그는 너무 빨리 흥분해서 손을 더듬기 시작하죠. 그는 스스로 멈출 수 없는 것일까요?"

젊은 사람들은 성적 욕구가 강하지. 그 감정은 새로운 것이고, 호르몬은 매우 활동적이며, 독립하려는 갈망은 성장의 한 부분이야. 하지만 너는 아직 다 성장하지 않았어!

네 남자친구를 위해서라도 너의 행동이 두 사람이 정한 경계를 존중하기 어렵게 만들고 있지는 않은지 생각해볼 필요가 있어. 친밀함에 대해 솔직하게 대화해야 해. 그와 함께 있는 것이 즐겁다고 말하고, 그가 특별한 감정을 느끼게 해준다는 것을 인정해주렴. 하지만 이것을 전달하기 위해 성적인 암시를 줄 필요는 없어.

반면에 네 남자친구는 육체적 욕구에 사로잡히는 것을 느끼기 시작할 때 너에게 편안하게 말해야만 해. 그 욕구가 너무 강해지고 있다는 것을 알면 그가 유혹을 이겨내도록 네가 도와줄 수 있어. 또한 두 사람이 다른 대화나 활동으로 주의를 돌리도록 도울 수 있지. 두 사람이 함께 그 압도적인 욕구와 싸움을 이겨낼 수 있고, 너희의 성생활에 대한 하나님의 계획을 존중하도록 서로 이끌어줄 수 있단다.

둘이 자제력을 발휘함으로써, 너희가 서로 섬기고 소중히 여기고 존중하려 한다는 것을 서로에게 표현하고 있는 거야. 이 자제력은 아마 네 남자친구에게 너의 가장 매력적인 특성 중 하나일 거야. 그 또한 자신의 성에 대한 하나님의 계획을 따르려고 애쓰고 있다면 말이야. 그리고 너는 남자친구도 존중해줄 수 있어!

사례 4 "남자친구는 제가 그를 사랑하는 것보다 자기가 저를 더 많이 사랑한다고 말해요. 그는 성관계할 준비가 되어 있는데 저는 그렇지 않기 때문이죠. 그의 요구를 들어주지 않으면 그를 잃게 될까 봐 두려워요."

예수님을 향한 네 믿음과 그것이 성에 대한 너의 결정에 어떤 영향을 미치는지 그와 이야기해보는 것도 좋아. 남자친구가 그리스도인이라면 성에 대한 하나님의 계획과 부부 관계 내에서 이루어지는 성교의 아름다움에 대해 하나님의 말씀이 가르쳐주시는 것을 함께 찾아볼 수 있을 거야(7장을 참고하렴).

반면에 네 남자친구가 그리스도인이 아니고 계속 고집을 꺾지 않는다면, 너 자신에게 물어보렴. 육체적 욕구를 만족시키기 위해 하나님께 불순종할 것을 요구하는 그의 사랑은 과연 진정한 사랑일까?

무엇이든 원하는 것을 얻기 위해 강압적인 방법을 사용하는 네 남자친구의 성향을 네가 더 부추기기 원하니? 만일 그가 원하는 대로 해주지 않으면 너와 헤어지겠다고 협박한다면, 과연 이런 사랑 위에 미래를 건설할 수 있을까?

예수님은 다른 누구보다 더 우리를 사랑하셔. 그래서 하나님이시지만 종이 되셨지. 인간이 되기 위해 하늘 보좌를 버리고 이 땅에 오신 주님은 우리가 죄를 사함 받고 영원히 함께 살 수 있도록 고난받고 죽으셨어. 예수님은 그분이 얻을 것을 바라보지 않으셨단다.

이처럼 사랑은 다른 사람을 위해 행하며 자기 잇속만 차리지 않아. 만일 네 남자친구가 너를 사랑하고 존중한다면 결혼할 때까지 너와 성관계를 갖지 않고 기다릴 거야. 그는 이것이 너와 하나님을 존중하는 행동임을 알 거야. 하지만 그가 여전히 기다리려 하지 않는다면 그때는 네가 관계를 끝내야 해.

사례 5 "안전한 성관계를 맺으면 임신이나 성병을 피할 수 있을까요?"

많은 경우에 계획하지 않은 임신은 사람들이 안전하다고 들은 방법대로 성관계를 갖거나 피임법을 잘못 사용했을 때 이루어진단다.

다음과 같은 상황에서도 임신하게 될 가능성이 있어.

- 커플이 처음으로 성관계를 가질 때.
- 피임약을 사용할 때.
- 어느 자세로나 성관계를 갖는 동안.

여자는 다음과 같은 방법으로 임신을 막을 수 없어.

- 당일 아침 피임약을 복용함.
- 성관계 직후 장시간 서 있음.
- 먼저 질 안에 탐폰을 삽입함.
- 질 세척.

남자는 다음과 같은 방법으로 임신을 막을 수 없어.

- 사정하기 직전에 음경을 뺀다. 이것은 사정 전에 정자가 음경을 떠날 수 있기 때문에 결코 신뢰할 수 없다.

의학 연구는 또한 콘돔이 임신을 완전히 예방할 수 없다는 것을 보여준단다. 파트너가 현재 콘돔을 사용하는 여성 6명 중 1명 정도는 1년 내에 임신하게 될 거야. 자제만이 100퍼센트 효과가 있는 '안전한 피임법'이지. 결혼생활을 위해 친밀한 성적 활동을 유보하는 것이 하나님께서 계획하신 방법이야.

성병에 관해서도 '안전한 성관계'란 없어. 콘돔 같은 적절한 보호장치를 갖추고 성관계를 가지면 사람들이 성병에 걸리지 않을 것이라는 생각은 잘못된 생각이야. 유일하게 '안전한 성관계'는 절제, 또는 남편과 아내가 서로에게 충실한 결혼생활 안에서 성병에 감염되지 않은 파트너와 성관계를 갖는 것이지.

이 모든 사례를 보면서도, 분명 많은 사람은 성에 대한 하나님의 계획을 따르지 않을 핑곗거리들을 찾을 거야. 성적으로 순결한 삶을 사는 것이 불가능해 보일지 모르지만, 하나님의 도움이 있으면 불가능하지 않아. 그것은 기도와 인내, 실천, 끈기를 요구한단다. 너 자신이 성적으로 도전을 받는 상황에 가까워지는 것을 발견할 때, 이렇게 질문하는 것이 도움될 거야.

"이 상황이 나와 하나님의 관계를 더 가까워지게 하는가, 아니면 더 멀어지게 하는가?"

사례 6 "섹스팅(sexting)은 성관계의 안전한 대안인가요?"

섹스팅은 남자나 여자가 성적으로 문란한 문자메시지나 이미지를 휴대폰이나 다른 장치로 전송할 때 이루어져. 대중문화는 섹스팅이 오늘날 남녀가 서로 소통하는 정상적인 방법 중 하나라고 믿게 만들 거야. 하지만 이런 식의 대화는 하나님이 기뻐하지 않으신단다.

섹스팅은 하나님의 놀라운 선물로서 존중받아야 하는 몸을 비하하고, 개인의 만족을 위한 성적 대상으로 다루는 거야. 건전한 대화와 소통을 촉진하지 않지. 육체적인 매력과 정욕을 중심으로 한 관계는 지속되지 않을 것이며 감정적 고통만 가져올 거야. 다시 말하지만, 어떤 성적인 유혹을 당하든 가장 좋은 것은 하나님의 말씀을 염두에 두는 거야.

> 형제들아 무엇에든지 참되며 무엇에든지 경건하며 무엇에든지 옳으며 무엇에든지 정결하며 무엇에든지 사랑받을 만하며 무엇에든지 칭찬받을 만하며 무슨 덕이 있든지 무슨 기림이 있든지 이것들을 생각하라 빌 4:8

네게 섹스팅을 하는 사람에게 그 대화가 불편하니 주제를 바꾸자고 말하렴. 그럼에도 그가 섹스팅을 계속한다면 부적절한 메시지에 답하지 말고 발신자를 차단해.

않은 아이를 포함하여 몇 사람의 삶에 깊은 영향을 줄 거야. 따라서 네가 할 수 있는 선택의 결과들을 생각할 때, 또 언젠가 뒤를 돌아보며 옳은 선택을 했다고 말할 수 있도록 도덕적인 문제들을 충분히 검토할 때 부모님의 도움과 지원이 절실히 필요해.

또한 배려 깊고 전문적으로 훈련받은 그리스도인 상담가는 너와 네 부모님, 아기 아빠가 서로를 더 잘 이해하도록 도와줄 수 있어. 부모님이 용서하고 이해하려고 애쓴다 해도, 분노와 실망감과 패배감을 쉽게 없애지 못할 거야. 모두에게 매우 고통스러운 시간이 될 것이며, 너는 받을 수 있는 모든 도움을 받아야 해.

그 모든 상황을 통해, 네 믿음이 강해져야 해. 네 부모님은 너를 위해 필요한 자원을 공급해줄 수 있고, 가족이 함께 예배드리는 것은 큰 힘의 원천이 될 거야. 부모님은 너를 위해, 너와 함께 기도드릴 거야. 하나님이 하나님의 말씀을 통해 너를 강하게 해주시는 것보다 더 큰 도움이 되는 것은 없을 거야.

사례 8 "제 친구 중 한 명이 임신했는데 결혼을 하지 않았어요. 그 친구는 아기를 낳아 키우거나 입양을 보내야 할까요, 아니면 낙태 수술을 해야 할까요?"

낙태는 하나님이 창조하신 생명을 지우는 것으로, 낙태를 하나의 선택 사항으로 고려해선 안 돼. 그렇다 하더라도 네 친구와 가족은 아기를 키울 것인지 다른 가정으로 입양 보낼 것인지 결정해야 하는 힘든 시

기에 직면할 거야. 이 어린 엄마는 자신이 아이에게 줄 수 있는 사랑과 보살핌을 양부모가 줄 수 있는 것과 비교해보아야 해.

요즘에는 많은 미혼모가 아기를 키우기로 결정해. 어떤 이들은 아기를 입양 보내기로 결정하기도 하지. 어머니가 아기를 입양 가정에 보내기로 결정한다면 그녀는 매우 힘들고 가슴 아픈 결정을 내리는 거야.

그러나 이 결정은 어쩌면 수년 동안 아기를 기다려온 부부에게 기쁨을 가져다줄 거야. 교회에 소속된 입양 기관들은 오랫동안 아기를 그리스도인 가정에 보내왔어.

오늘날의 문화에서는 낙태를 고려하려는 유혹이 매우 커. 치료적 유산을 제외한 낙태 수술은 현행법상 불법이지만, 산부인과에서 십대들의 낙태 수술이 암암리에 행해지고 있어. 의학적으로 낙태 수술이 많은 합병증을 동반하는 외과적 시술이라고 조언하는 사람은 많지 않아.

다시 말해서 네 친구는 그녀를 아주 많이 사랑하는 사람들의 도움 없이, 되돌릴 수 없는 결정을 내릴 수 있어. 낙태는 원치 않은 임신에 대처하는 쉽고 빠른 방법이 아니야. 태어나지 않은 아기를 죽이는 것은 세균에 감염된 치아를 빼는 것과 달라. 네 친구는 자기처럼 하나님에 의해 창조된 살아 있는 인간을 다루고 있는 거야. 하나님을 믿지 않는 사람들도 낙태 후에 죄책감과 슬픔, 심리적, 감정적 상처를 경험할 수 있어.

낙태 수술의 신체적, 정서적 결과들은 미디어나 임신 중절에 찬성하는 단체들 안에서 좀처럼 논의되지 않아. 만일 네 친구가 낙태를 고려하고 있다면, 목사님과 부모님 그리고 그녀의 생명과 아기의 생명을 귀하게 여기는 다른 믿을 만한 어른들과 이야기를 나누도록 권면하렴.

사례 9 "남자친구와 성관계를 가졌고 지금 임신했어요. 성경은 낙태에 대해 어떻게 말하나요?"

생명의 어떤 단계에서든 인간을 죽이는 것은 정당화될 수 없어. 어떤 사람들은 낙태를 함으로써 부모가 당혹감과 미래에 대한 부서진 계획, 감정적 고통에서 벗어날 수 있다면 정당화된다고 주장해. 하지만 오직 하나님만이 생명을 주시고 가져가실 권한이 있단다. 배아나 태아를 죽이는 것은 아기를 죽이는 행위야! 배아나 태아는 아직 태어나지 않았지만 엄연히 한 인간이기 때문이지.

우리는 결혼에 대한 하나님의 계획에 대해 이미 이야기했어. 사람들이 하나님의 계획을 따르지 않고 결혼 전에 성관계를 가질 때는 이기적으로 자신의 욕구를 만족시키려 하는 거야. 때로 이 행위는 임신이라는 자연스러운 결과를 낳게 돼.

의도치 않은 임신은 부모의 인생을 바꾸며 새로운 도전을 가져올 거야. 네가 아직 부모가 될 준비가 되어 있지 않기 때문이지. 하지만 이런 이유로 낙태를 통해 아기를 죽이는 것은 책임을 회피하는 이기적인 방법이야. 너는 성관계를 갖기 시작할 때 어머니가 될 수 있다는 각오를 해야 해.

하나님이 배 속의 아기들에 대해 뭐라고 말씀하시니? 성경은 우리 각 사람이 하나님과 특별한 관계에 있고, 그 관계는 우리가 태어나기 전부터 시작되었다고 말해. 예레미야서에는 이렇게 기록되어 있어.

여호와의 말씀이 내게 임하니라 이르시되 내가 너를 모태에 짓기 전에 너를 알았고 네가 배에서 나오기 전에 너를 성별하였고 너를 여러 나라의 선지자로 세웠노라 하시기로 렘 1:4,5

하나님은 예레미야를 모태에 지으셨고 그가 태어나기도 전에 그를 아셨어. 사역을 위해 그를 구별하셨고, 그가 어른이 되어 할 일을 정해두셨어.

시편 기자이며 왕이었던 다윗은 모태에 생명을 창조하시는 하나님의 역할에 대해 더 구체적으로 언급해.

주께서 내 내장을 지으시며 나의 모태에서 나를 만드셨나이다… 내가 은밀한 데서 지음을 받고 땅의 깊은 곳에서 기이하게 지음을 받은 때에 나의 형체가 주의 앞에 숨겨지지 못하였나이다 내 형질이 이루어지기 전에 주의 눈이 보셨으며 나를 위하여 정한 날이 하루도 되기 전에 주의 책에 다 기록이 되었나이다 시 139:13-16

하나님은 다윗이 태어나기 전에 그를 창조하셨고 그를 아셨어. 그리고 그가 살아갈 모든 날을 주셨단다.

하나님이 예레미야와 다윗을 만드셨고 아셨다면 분명 너도 만드셨고 너를 아실 거야. 너의 태어나지 않은 아기도 마찬가지지. 하나님은 네가 살아갈 날수를 모두 알고 계시며 네가 하게 될 선한 일들을 정해놓으셨어.

성경은 또한 각 사람의 생명의 가치를 강조해. "살인하지 말라"(출 20:13)는 말씀은 하나님이 직접 손으로 쓰셔서 백성들에게 주신 십계명 가운데 하나야. 그 이유가 무엇일까? 하나님은 선하시며, 그분이 창조하신 모든 사람은 귀중하기 때문이야. 그 누구도 다른 사람을 살해할 권한이 없어.

하나님은 모든 생명을 귀하게 여기셔. 생명이 너무나 소중하기에, 하나님은 자신의 아들 예수님을 보내어 젊은 어머니에게서 태어나게 하셨고 예수님의 삶과 죽음과 부활을 통해 모든 사람이 죄 사함을 받고 이 땅에서 그분의 사랑을 나누며 하늘나라에서 영생을 누리게 하셨어.

사례 10 "너무 늦었으면 어떡하죠? 두렵고 당혹스러워 낙태 수술을 받았어요."

낙태를 선택한 많은 그리스도인이 나중에 진심으로 후회했어. 그들은 예수님을 통해 완전히 용서받았다는 이야기를 거듭 반복해서 들어야 해. 예수님의 보혈이 우리를 모든 죄에서 깨끗하게 하신단다(요일 1:7).

네가 낙태를 했다면, 이 죄 또한 예수 그리스도와 함께 십자가에 못 박혔다는 것을 깨달으렴. 너의 고통과 죄의 결과들은 계속될 수 있지만, 죄책감이 남아 있어선 안 돼! 이 놀라운 진리들을 깊이 생각하렴.

만일 우리가 우리 죄를 자백하면 그는 미쁘시고 의로우사 우리 죄를 사하시며 우리를 모든 불의에서 깨끗하게 하실 것이요 요일 1:9

그는 우리 죄를 위한 화목제물이니 우리만 위할 뿐 아니요 온 세상의 죄를 위하심이라 요일 2:2

그러므로 이제 그리스도 예수 안에 있는 자에게는 결코 정죄함이 없나니 이는 그리스도 예수 안에 있는 생명의 성령의 법이 죄와 사망의 법에서 너를 해방하였음이라 율법이 육신으로 말미암아 연약하여 할 수 없는 그것을 하나님은 하시나니 곧 죄로 말미암아 자기 아들을 죄 있는 육신의 모양으로 보내어 육신에 죄를 정하사 롬 8:1-3

네 짐을 그리스도께 맡겨드려.

동이 서에서 먼 것같이 우리의 죄과를 우리에게서 멀리 옮기셨으며 아버지가 자식을 긍휼히 여김같이 여호와께서는 자기를 경외하는 자를 긍휼히 여기시나니 시 103:12,13

사례 11 **"남자친구와 2년 정도 사귀었어요. 우리는 서로 사랑했고 결혼을 생각했죠. 하지만 결국 헤어졌고 심한 죄책감을 느꼈어요. 성관계를 하진 않았지만 거의 할 뻔한 적이 여러 번 있었거든요. 저는 하**

나님께 용서를 구했고 주님이 용서해주셨다는 사실을 알지만, 웬일인지 용서받은 느낌이 들지 않아요. 왜 계속 죄책감이 다시 생기는 것일까요?"

지금 네가 느끼는 죄책감이 훗날 네 인생에서 문제가 될 것 같지는 않아. 너는 죄를 자백했고 그리스도 안에서 용서받았어. 그리스도 안에서 너는 자유해.

사탄은 우리가 과거의 죄들을 떠올리게 하는 것을 좋아하지만, 그리스도 안에서 받은 용서가 사탄의 낡은 비난을 이긴단다. 양심이 너를 비난한다고 느낄 때 "나는 그리스도 안에서 용서받았어!"라고 선포하며 기쁘게 하루를 보내렴.

이별 후 감정적인 회복은 여전히 어려운 일이지만, 네가 관계 속에서 어떻게 행동하는지 또 네가 미래의 남편에게 중요하게 여기는 자질들은 무엇인지 더 많이 알게 된 것을 하나님께 감사해. 너 자신에게 고통에서 회복되고 죄책감에서 벗어날 시간을 줘. 너는 용서받았고, 극단적인 결과 또는 결혼생활 밖에서 한 약속들의 결과를 잘 이해할 정도로 더 현명해졌어.

또 한 가지 기억할 것은 절제를 배우는 데 시간이 걸리며, 대개 몇 가지 실수를 하게 된다는 거야. 이 책에서 경건한 자질들을 확립하는 법을 논의할 때 '기른다'는 용어를 사용하는 이유가 거기에 있지. 그 결과는 하루아침에 나타나지 않는단다. 시간이 필요하며, 기도와 성경 공부로 계속 양분을 공급해주어야 해. 그리스도 안에서 성장하는 것은 매일의 과정이야. 성경 속 하나님의 말씀을 통해 우리는 결혼과 성에 대한 그분의 계획을 알게 되고, 또한 성령을 통해 이렇게 살아갈 힘을 얻는단다.

그러나 이기적인 갈망은 여전히 우리를 힘들게 할 거야. 따라서 우리는 날마다 회개하고, 기도하고, 하나님의 말씀을 공부하며, 우리가 실패해도 용서해주시는 하나님께 감사드려야 해. 고린도전서 15장 57절은 그것을 가장 잘 말해줘.

> 우리 주 예수 그리스도로 말미암아 우리에게 승리를 주시는 하나님께 감사하노니 고전 15:57

CHAPTER 6

진짜 사랑에 대하여

하나님의 계획 묵상하기

사랑은 오래 참고 사랑은 온유하며 시기하지 아니하며 사랑은 자랑하지 아니하며 고전 13:4

결혼생활의 어떤 본들을 보았니? 네가 기대하는 결혼생활은 어떤 모습이니? 어쩌면 너는 결혼해서 영원히 행복하게 사는 것을 기대할 거야. 너의 왕자님은 네 마음을 사로잡을 것이고, 완전한 결혼생활의 행복을 누리며 영원히 함께 살게 될 것이라고 말이야. 그러나 네 현실이 그렇게 장밋빛이 아닐지도 몰라.

어쩌면 너는 늘 싸우고, 서로 매몰찬 말을 하며, 자기가 바라는 것을 얻기 위해 조종하는 부부를 봤을 수도 있어. 또 이혼하여 결혼생활을 끝내는 부부도 봤을 거야. 결혼생활 안에서 사랑이 어떤 모습으로 나타나는지 알려고 할 때, 꿈꾸는 결혼생활의 모습과 어그러진 현실은 우리를 불안하게 해. 이런 예들은 하나님이 계획하신 결혼생활의 모습이 아니란다.

하나님의 계획 안에서 결혼한 사람들은 서로를 향해 인내와 온유함을 나타내. 그들은 자기 자신이나 자신이 갖고 싶은 것에 초점을 두지 않아. 서로 무례하게 대하지도 않지. 또한 부부는 도움이 되면 서로의 의견을 따라. 배우자의 성공에 분개하지 않으며 서로의 잘못을 용서해. 가정에 힘든 일이 생겨도 믿음을 지키며 서로 끝까지 사랑한단다.

결혼에 대한 하나님의 계획은 하나님이 그분의 교회를 향해 품으시는 사랑을 나타내. 결혼생활 속에서 우리는 남은 평생 다른 사람에게 하나님의 사랑을 보여줄 기회를 갖게 되지. 미래의 부부 관계를 생각할 때 하나님은 네가 언제나 서로 돕는 관계를 맺기 원하신다는 것을 기억하렴.

기도 사랑하는 하나님, 하나님의 사랑은 진실로 모든 것을 견디며 결코 끝이 없습니다. 예수님을 이 땅에 보내셔서 십자가에서 죽으시고 부활하게 하심으로 하나님이 저를 얼마나 사랑하시는지 보여주셔서 감사합니다. 제가 결혼하려는 남자를 강하게 해주시고, 제게 그를 기다릴 수 있는 인내심을 주세요. 예수님의 이름으로 기도합니다. 아멘.

결혼과 성에 대한 하나님의 계획을 더 잘 이해하게 되면 좀 더 진지한 관계 속에 있는 너 자신을 발견할 거야. 예수님을 향한 믿음과 그리스도인으로 살고자 하는 열망이 실제적인 질문, 즉 현재 네가 평생 지속될 사랑을 하고 있느냐는 질문에 어떤 영향을 미치는지 궁금할 거야. 쉽게 말해서 "이 사람이 나와 결혼할 남자인가?"라는 것이지.

- 지나가는 풋사랑과 진정한 사랑의 차이점은 무엇일까?
- 사랑이 지속될지 어떻게 알 수 있을까?
- 너는 남편에게 어떤 자질들을 기대하고 있니?
- 너와 네가 결혼할 남자 사이에 어떤 공통된 특성을 갖는 게 중요할까?
- 너와 네 남자친구와 싸운다면 그것은 무엇을 의미하니?
- 결혼이 너와 네 남자친구를 변화시킬까?
- 결혼생활이 지속될까?

만 16세 때 너와 네 남자친구는 깊은 사랑에 빠졌어. 너는 둘이 함께 있는 그 시간을 위해 살아. 마치 너만의 세상을 가진 것 같지. 서로 스킨십을 하거나 심지어 보기만 해도 강한 흥분과 쾌락을 느껴.

이런 네 사랑은 열병, 즉 지나가는 '풋사랑'에 불과할까? 그렇지 않아. 그것은 진실하고 진정한 사랑이야. 항상 서로 사랑하기로 약속할 때 두 사람은 진심이야.

그런데 네 사랑이 영원히 지속될까? 그럴지도 몰라. 하지만 그렇지 않을 수도 있어. 인생의 이 시기에는 그것을 알 수 없어. 만 15세에서 21세 사이에 대부분의 사람은 관심사와 태도, 때로는 가치관까지 변해. 사람들은 자기 안에서 새로운 재능을 발견해. 또한 다른 사람이 사는 모습을 보며 영향을 받아 인생의 중요한 결정들을 내린단다. 직장, 대학, 앞으로 살기 원하는 곳, 교회에 다니는 것, 자원봉사활동 등에 관한 선택과 결정은 젊은 시절 네가 만나고 존경하는 사람들의 영향을 받게 돼.

아마 두 사람 다 배우자에 대한 최종 선택을 하기 전에 여러 번 더 사랑에 빠질 거야. 그때마다 너는 사랑하고 섬기는 법, 남자친구에게 사랑과 섬김을 받는 법을 더 많이 배우게 될 거야. 두 사람 다 무엇이 중요한지를 재평가하게 될 거야.

이때는 하나님이 너의 관계 속에서 원하시는 우선순위가 무엇이고, 하나님을 향한 믿음으로 현명한 결정을 내리고 있는지 의식적으로 질문해야 할 시기야. 두 사람이 매 순간 하나님께 순종하고 서로 섬기겠다는 경건한 결정을 내리니?

하나님을 중심에 두면 너의 관계를 견고한 반석 위에 세우고, 남녀가 서로 간의 사랑과 섬김 속에서 하나님에 의해 하나가 되는 것이 무엇을 의미하는지 점점 더 이해하게 될 거야. 반면에 사랑이 주로 육체적인 매력에 근거한 것이라면, 그 사랑은 오래가지 못할 거야. 상호 간의 사랑과 존중이 없으면 성적 매력은 시들해지고, 때로는 빨리 식어버릴 거야.

네 사랑이 일시적인지 궁금하다면 그 관계가 너를 어떻게 변화시켜 왔는지를 잘 보렴. 사람들이 네가 좋지 않은 쪽으로 변했다고 말한다면 조심해야 해! 그러나 네가 전보다 더 친절하고, 책임감 있게 행동하며,

자존감이 높아졌다면 적어도 인생의 이 단계에서는 좋은 만남을 갖고 있는 거야.

"우리가 알거니와 하나님을 사랑하는 자 곧 그의 뜻대로 부르심을 입은 자들에게는 모든 것이 합력하여 선을 이루느니라"(롬 8:28)라는 말씀을 기억하렴. 하나님은 다른 사람과의 좋은 관계를 사용하여 그분이 사랑하시는 자들 안에서 최선을 이끌어내셔.

사랑하는 사람이 어떤 사람이길 원하니

완벽한 남편에 대한 '위시 리스트'를 작성하고 싶은 유혹이 들 거야. 그러나 그런 목록은 실현 불가능해. 그 대신 아내로서 너는 남편이 육체적, 감정적 또는 정신적으로 어떤 변화를 경험하든 남은 생애 동안 남편을 사랑하고, 아끼며, 존중해주기로 서약할 거야.

죄는 이 세상에 남아서 우리를 손상시켜. 갑자기 사고가 일어나 우리의 신체적 능력과 외모가 변화될 수 있어. 감정적, 정신적 도전과 공격이 한 사람의 성격과 태도를 바꿀 수 있어. 이는 네가 젊을 때 결혼하는 사람이 너와 함께 늙어가며 여전히 같은 사람으로 남아 있지는 않을 것이라는 의미야.

하지만 결혼할 때 맺는 서약과 남편을 향한 헌신에는 하나님의 복이 따른단다. 하나님의 자비와 은혜로, 너는 어떠한 변화가 일어나더라도 남편을 사랑할 수 있도록 복을 받을 거야. 남편과 아내 사이의 사랑은 성격 특성이나 자질들에 근거한 것이 아니야. 죽음이 두 사람을 갈라놓을 때까지 사랑하고 섬기겠다는 헌신에 근거한 것이지.

부부간의 사랑과 헌신을 이해한다면, 아무나 배우자로 선택해도 괜찮다는 뜻일까? 그렇지 않아. 성경이 말하는 좋은 남편과 좋은 아내의 자질들에 대해 깊이 생각하고 기도하는 것은 여전히 중요해.

또한 네가 다양한 사람을 알게 될 때 그들에게 주어진 축복과 은사들을 발견하게 될 거야. 너는 네가 가진 자질이나 특성들과 비슷하거나, 너의 것을 보완해주거나, 아니면 너와 완전히 다른 사람에게 끌릴 거야.

하나님의 사람으로서 섬길 준비를 하자

누가 현숙한 여인을 찾아 얻겠느냐 그의 값은 진주보다 더하니라 그런 자의 남편의 마음은 그를 믿나니 산업이 핍절하지 아니하겠으며 그런 자는 살아 있는 동안에 그의 남편에게 선을 행하고 악을 행하지 아니하느니라

잠 31:10-12

너는 믿음대로 사니? 너는 신뢰할 만한 사람이며 진실을 말하니? 네 결점이나 실수를 웃어넘길 수 있고, 삶의 유머러스한 면을 찾아낼 수 있

니? 사려 깊으며 네가 대접받고 싶은 대로 사람들을 대접하기 위해 노력하니? 다른 사람의 관점으로 바라보려고 애쓰니?

네 안에 좋은 자질들을 기르는 것은 이런 자질들을 갖춘 미래의 남자친구나 배우자를 발견하는 것만큼이나 중요하단다.

잠언 31장은 계속해서 현숙한 여인의 특성을 묘사해. 그녀는 가정을 잘 관리하고 상황 판단이 빠른 관리자이지만 자신의 가치를 높이는 일에는 관심이 없어. 그녀가 하는 모든 일은 가정을 위한 것이고, 궁극적으로 하나님을 사랑하는 마음에서 비롯된 것이지. 그녀는 다른 사람들의 행복을 위해 살고 일하는 것을 행복하게 여긴단다. 섬김이 그녀를 더 낮은 사람으로 만든다고 여기지 않아. 그녀가 다른 사람들에게 사랑과 관심을 나타내는 방식을 다른 사람들이 매우 귀하게 여겨!

하지만 이 성경 본문이 나타내는 기대치에 네가 미치지 못하는 것 같아도 낙심하지 마. 네가 이미 소유한 강점들을 더 키우면 결혼생활에 긍정적인 자질을 많이 지닌 사람이 될 수 있어. 하나님의 도움으로 너는 날마다 남편을 귀하게 여기고 섬기는, 사랑스럽고 상냥하고 너그러운 그리스도인 아내가 될 수 있단다.

너는 결혼을 서두를 필요가 없어. 네가 성숙할 시간을 가지렴. 사랑이나 결혼을 못 할 것처럼 보일지 몰라. 너는 진지한 관계를 절실히 원하겠지. 그러나 하나님은 사랑하고 결혼하는 축복된 삶으로 이끌어주셔. 너는 억지로 그 일들이 일어나게 만들 수 없어. 여호와를 기다리는 동안 인내하며 다른 사람들을 섬기렴.

너는 여호와를 기다릴지어다 강하고 담대하며 여호와를 기다릴지어다

시 27:14

네가 기다리는 동안 찾아볼 수 있는 몇 가지 사랑의 표적이 있어. 예를 들어 공통의 가치, 정직, 신뢰, 올바른 의사소통이 있지. 또 한 남자와 진지한 관계를 맺는 복을 받았으면 네 사랑이 단단한지 시험해볼 몇 가지 방법이 있어.

가장 진실하고 좋은 사랑의 표적은 그리스도가 본을 보여주셨단다. 예수님의 무조건적이고 자기희생적인 사랑은 사랑의 가장 좋은 모델이야. 예수님은 우리를 위해 십자가에서 자신의 생명을 내어주셨어. 우리가 예수님에게서 멀어지지 않고 예수님과 함께 영원히 살게 하시려고 우리의 죄를 친히 담당하셨어!(벧전 2:24)

때가 되면 성경은 너와 배우자의 관계가 어떠해야 하는지 보여줘. 예수님이 신랑이시고, 교회(모든 그리스도인)가 신부야. 남편의 사랑은 자기희생적이어야 해. 그는 아내를 위해 자신이 원하고 갈망하는 것들을 기꺼이 희생하며, 자신의 필요보다 아내의 필요를 더 생각해야 하지. 그리고 아내는 교회가 예수님께 하듯이 남편을 존경하고 존중해야 해.

하나님은 결코 교회를 떠나지 않겠다고 약속하셨어. 따라서 남편은 평생 아내에게 충실해야 해. 결혼은 이런 특별한 동반자 관계와 신뢰를 가져다줘.

하나님의 말씀을 통해, 예수님은 예수님을 따르는 자들에게 사랑할

힘을 주셔.

그리스도께서 너희를 사랑하신 것같이 너희도 사랑 가운데서 행하라 그는 우리를 위하여 자신을 버리사 향기로운 제물과 희생제물로 하나님께 드리셨느니라 엡 5:2

모든 선한 일에 너희를 온전하게 하사 자기 뜻을 행하게 하시고 그 앞에 즐거운 것을 예수 그리스도로 말미암아 우리 가운데서 이루시기를 원하노라 히 13:21

우리의 공통점은 무엇일까

사랑은 죄로부터 구원해주시는 예수님에 대한 믿음과 서로를 향한 섬김의 가치를 공유해. 비록 매일 하는 활동의 차이에 대해서는 받아들여야 하지만, 네 믿음과 하나님의 말씀에 근거하여 사실이라고 믿는 것에 대해서는 절대 타협하지 말아야 해.

그러나 다른 여러 가지 면에서 미래의 남편은 너와 많이 다를 수 있어. 그래도 괜찮을까?

대부분의 사람은 지적인 배우자를 원한다고 말할 거야. 아마 우리만큼 똑똑한 사람, 비슷한 수준의 교육을 받은 사람을 선호한다는 뜻이겠지. 지적 수준이 다른 두 사람이 어떤 것에 대해 논의하려 할 때 둘 다 지루함과 좌절감을 느끼기 쉬워.

다른 많은 자질에 대해서도 마찬가지야. 한 사람에게는 모험적인 것이 친구가 추천한 새로운 레스토랑에 가보는 것 정도를 의미할 수 있어. 그런데 다른 사람에게는 직업도 없고 돈도 없이, 세 아이를 데리고 새로운 곳으로 이사하기로 즉흥적인 결정을 내리는 것을 의미할 거야.

둘 중 어떠한 태도에도 잘못은 없어. 하지만 그 두 사람이 결혼한다면 분명 헤쳐나가야 할 일이 많아질 거야.

종종 부부들은 처음에는 서로의 다른 점에 이끌려. 네가 조용하고 수줍음 많은 사람이라면 네 수줍음을 극복하도록 도와줄 외향적인 남자와 사귀는 것이 즐거울 거야.

그러나 조심하렴. 조용한 사람이 사교적인 사람에게 이끌려 억지로 파티에 가거나, 사교적인 사람이 조용한 사람과 함께 무료하게 집에 가만히 앉아 있는 경우가 종종 벌어지기 때문이지.

또 한 가지 흔한 차이점은 집안 배경이야. 집안 분위기가 다른 두 사람이 사랑에 빠진다면 어떤 일이 벌어질까?

남자의 가족은 활기가 넘치고, 따뜻하며, 시끌벅적해. 그는 가족 중에 유일하게 고등학교를 졸업한 사람이야. 그의 부모님은 환대를 중요하게 생각하며, 언제나 예기치 못한 방문객들을 위해 여분의 침대를 마련해두지. 반면에 여자의 집은 언제나 조용하고 평온한 곳이었어. 그녀의 부모님은 둘 다 흥미롭고 유망하고 좋은 직장에 다니며, 교육과 여행을 중요

하게 생각해.

이런 배경의 차이들은 그들을 부부로서 더 강하게 해줄 수도 있으나 갈등의 요인이 될 수도 있단다.

마지막으로 네 가족과 친구들은 건강한 남녀관계에서 발견되는 양립성을 알아보고 너를 인정해줄 거야. 네 부모님이 네 남자친구를 좋아해주는 것, 또는 네가 남자친구의 가족에게 받아들여지는 것의 가치를 과소평가하지 말렴. 그것 또한 하나님이 각 가정 안에서 우리를 하나 되게 하시는 방법 중 하나야.

결혼이 우리를 변화시킬까

당연히 결혼생활은 우리를 변화시켜. 결혼에 대한 하나님의 계획에 따라, 아내로서 네 남편에 대해 더 많은 것을 배우게 될 거야. 또한 서로를 먼저 생각하고 더 잘 섬기게 될 거야.

전반적으로 이기적이었던 태도가 하나님이 계획하신 그리스도인의 결혼생활 속에서 이타적으로 변해. 이것이 결혼에 관한 가장 아름다운 모습 중 하나란다.

너는 또한 매일 어떻게 남편에게 용서받아야 하고, 어떻게 남편을 용서해야 하는지 배우게 될 거야. 매일 용서받은 새로운 마음으로 하루를 시작하는 것은 남편과 아내 사이에 신뢰를 형성해줘. 그것은 너의 다른 어떤 관계에서도, 심지어 네게 자녀가 생기더라도 발견할 수 없는 것이란다.

이 일은 어떻게 일어날까?

하나님의 성령이 결혼생활을 서로 사랑과 존중과 섬김의 자리로 만들도록 도와주셔. 모든 자질 면에서 그리스도인들이 성장할 수 있게 해주셔. 바로 "사랑과 희락과 화평과 오래 참음과 자비와 양선과 충성과 온유와 절제"(갈 5:22,23)로 네 결혼생활을 복되게 하신단다. 그리스도에 대한 지식과 믿음이 성장하면서 너는 사랑에 관해 더 배우게 될 거야.

사랑은 오래 참고 사랑은 온유하며 시기하지 아니하며 사랑은 자랑하지 아니하며 교만하지 아니하며 무례히 행하지 아니하며 자기의 유익을 구하지 아니하며 성내지 아니하며 악한 것을 생각하지 아니하며 불의를 기뻐하지 아니하며 진리와 함께 기뻐하고 모든 것을 참으며 모든 것을 믿으며 모든 것을 바라며 모든 것을 견디느니라 사랑은 언제까지나 떨어지지 아니하되 고전 13:4-8

대화

가장 좋은 결혼생활에서는 두 사람이 믿음의 가정을 이루기 오래전부터 소통이 시작돼. 서로 우정을 쌓으며 다음과 같은 것들에 대한 대화를 나누는 데 오랜 시간을 보내야 해.

- 그리스도를 향한 너의 믿음
- 너의 삶의 스토리
- 너 자신과 가족에 대한 감정
- 너의 관심사, 성생활, 목표들

인생사와 미래의 계획들을 함께 나누는 것과 더불어, 일상의 문제와 감정을 적극적으로 경청해주는 것도 대화에 포함돼.

우정이 더 단단해질수록 두 사람은 방어하거나 자신을 정당화하려

하지 않고 상대방의 이야기를 더 잘 경청하게 될 거야. 건강한 대화는 누가 옳고 그른지를 문제 삼지 않아. 오히려 생각과 감정과 느낌을 서로 이해할 수 있게 효과적으로 전달하려 노력하지. 때로는 옳은 것보다 사랑하는 것이 훨씬 더 중요하단다.

공감하며 경청하는 것은 매우 어려울 수 있어. 남자와 여자는 종종 바라보는 관점이 다르다는 것을 명심하렴. 남자들은 문제를 해결하려는 경향이 있어. 아내나 여자친구가 어떤 문제를 가지고 찾아오면 그 문제를 해결하기 위해 어떤 제안이나 도움을 주려 하지. 반면에 여자들은 그렇지 않아. 종종 여자는 단지 자신을 사랑하는 사람에게 좌절감을 표현하고 싶을 뿐이야. 반드시 해결책을 원하는 게 아니지. 그녀가 원하는 것은 공감해주는 거야.

많은 여자가 남자의 가장 중요한 자질로 '잘 들어주는 사람'을 꼽아. 여자는 매우 언어적이며 자신에게 중요한 이야기를 들어줄 수 있는 사람과 함께 있다는 것을 확인하기 원해. 모든 여자가 똑같이 언어적인 것은 아니지만, 모든 사람이 좋은 경청자가 되기 위해 노력할 수 있다는 사실을 명심하렴.

사랑은 상대방의 생각과 감정에 관심을 기울이며, 자신의 관심사나 토론 주제에만 집중하지 않아. 사랑은 시간을 두고 중요한 일들을 설명하며 상대방이 중요하다고 생각하는 것에 귀를 기울인단다. 남자와 여자는 서로 다른 방식으로 대화하고 듣는다는 것, 또한 둘 다 어떤 것을 넘겨짚거나 오해했을 때 용서받을 필요가 있다는 것을 기억해.

싸움

서로 사랑하는 사이라도 다른 사람들처럼 의견이 엇갈릴 때가 있어. 하지만 그들은 각기 다른 의견을 가지고도 서로 친근한 관계를 유지하는 법을 배워나가.

어떤 부부들은 솔직하게 대화하는 것을 두려워해.

"제가 그것에 대해 이야기하면 아내가 화낼 거예요."

"제가 결정한 일을 남편에게 말하면 저를 말릴 거예요."

각자 자기가 듣고 싶은 말만 상대방에게 하는 거야. 그리고 나쁜 감정이 생기기 전에 매우 조심스럽게 문제를 덮으려고 하지.

여기서 문제는 솔직하지 못한 거야. 하나님은 우리가 다른 사람과 깊은 교감을 나누도록 만드셨어. 두려움 때문에 우리 자신의 어떤 부분을 상대방에게 숨기면 이 목표에 도달할 수 없어.

"사랑 안에 두려움이 없고 온전한 사랑이 두려움을 내쫓나니"(요일 4:18)라는 말씀을 기억하렴. 힘들겠지만, 하나님의 때가 되면 우리 각 사람이 관계의 모든 면에서 완전히 솔직하기 위해 노력할 수 있을 거야. 우리가 폭로한 사실이 혼란을 일으킬지 모른다고 생각할 때에도 말이야.

이런 솔직함을 기르지 못하면 불화가 겉으로 드러날 때 각자 깜짝 놀라거나, 상대방의 불합리한 분노에 상처를 받거나, 서로 상처를 주는 심한 말들이 나올 수도 있어. 따라서 의견이 다른 부분에 대해 끝까지 대화하는 것이 좋아. 나중에 큰 말다툼이 되어 두 사람 사이가 틀어지는

지경에 이르는 것보다 훨씬 낫지. 그리스도인으로서 너는 서로 의도적으로 상처를 주지는 않을 것이라고 믿을 수 있어. 또한 네가 실수하여 상처 주는 말이나 행동을 할 때에도 서로 용서해줄 수 있어.

용서와 이해로 불화와 갈등이 해결될 때 남편과 더욱 친밀해질 거야. 두 사람이 받아들일 수 있는 방식으로 문제를 해결할 때마다 서로 조금씩 더 가까워질 거야.

갈등을 해결하는 몇 가지 방법이 있어. 예를 들면, 한 사람이 다른 사람을 위해 희생하는 거지.

남편 : 오늘 밤에 영화 보러 가자.

아내 : 사실 난 집에 있고 싶어. 그렇지만 당신이 오늘 밤 꼭 외출하고 싶다면 그렇게 할게.

두 사람의 필요를 충족시켜주는 타협안을 찾아내는 방법도 있어.

남편 : 오늘 밤에 영화 보러 가자.

아내 : 사실 난 집에 있고 싶어. 그렇지만 당신이 오늘 밤 꼭 외출하고 싶다면 그렇게 할게.

남편 : 음, 당신이 집에 있고 싶다면 같이 TV로 영화를 보는 것도 괜찮아.

아내 : 그것 참 좋은 생각이네!

때로는 어떤 문제에 대해 합의할 수 없을 거야. 그것은 서로에 대한 사랑과 신뢰를 알아보는 진짜 시험일 수 있어. 그때는 "당신의 뜻에 동의하지 않지만, 그래도 당신을 사랑해"라고 말해야 해.

만일 네가 주변 사람들과 이런 식으로 받아들이는 것을 연습할 수 있다면 결혼생활에서 그렇게 하기가 훨씬 수월할 거야. 항상 모든 일에 대해 합의해야 할 필요는 없어. 물론 그 문제가 옳고 그름의 문제나 분명한 하나님의 명령과 관련된 것이라면 계속해서 남편이 하나님의 명령을 최우선에 두도록 격려해야지. 하나님께 힘을 달라고 기도하고, 그리스도인의 삶에 대한 하나님의 정의를 이해하기 위해 남편과 함께 하나님의 말씀을 공부해보렴.

서로 완전히 솔직하게 대화할 수 있을까

좋은 관계가 주는 기쁨 가운데 하나는 대화할 사람이 있다는 거야. 다른 사람과 이야기를 나누는 것이 편해질수록 그 사람에게 더 친근함을 느끼게 돼.

그러나 우리가 생각하는 완전한 솔직함이란 사람마다 수준이 달라. 너는 가장 깊은 생각들을 나누고 싶을지 모르지만, 상대방은 어떤 문제를 나누기 전에 깊이 생각해야 할 수도 있어.

네 실제 모습을 감추려 하지 마. 좋은 관계에서는 너의 관점, 목표, 꿈들을 아무런 수치심이나 부끄러움 없이 자유롭게 나눌 수 있어. 판단받을까 봐 걱정하지 않고 네 과거를 털어놓을 수 있지.

사랑의 표적은 상대방에 대한 온전한 신뢰란다. 자신의 연약함을 드러내고 상대방에게 실제 자아를 보여주는 것을 두려워하지 않아. 다른 사람을 향한 이 완전한 신뢰는 굳건한 관계가 주는 기쁨 가운데 하나야. 그것은 실제 자신의 모습을 보여주어도 여전히 사랑받을 수 있다고 믿을 뿐만 아니라, 서로에게 충실함을 믿는다는 의미야.

반면에 관계에 대한 충실함이 의심스럽거나 불확실할 때는 그 관계가 약화되고 있는 거야. 너와 진지하게 사귀는 사람이 교제하는 동안 다른 여자와 바람을 피운 적이 있다면, 앞으로 그가 진심으로 네게 충실할 것이라고 판단하기가 어렵겠지.

사랑은 질투하거나 의심하는 것이 아니라 평안과 만족감이 가득한 거야. 정직과 신뢰는 함께 가. 우리가 관계에 대한 하나님의 계획을 따를 때 얼마나 큰 기쁨이 있겠니!

우리의 믿음은 어떤가?
우리가 다른 것들을 믿는다면 어떻게 될까?
우리가 서로 다른 교회에 다닌다면 어떻게 될까?

사랑의 표적은 그리스도를 중심으로 한 관계야. 하나님의 말씀을 공부하고, 함께 기도하며 예배드릴 때 네 믿음은 양분을 얻고 더 강해져.

그리스도 중심의 관계를 맺는 것은 또한 함께하는 활동들이 하나님을 기쁘시게 한다는 뜻이야. 너의 관계는 육체적, 감정적, 영적으로 건강할 거야.

너와 네 배우자가 서로 다른 신앙을 갖고 있다면 결혼생활을 제대로 할 수 있을까? 할 수 있지만 쉽지는 않아. 이상적인 것은 함께 그리스도를 믿고 같은 교회에 다니며 믿음생활을 온전히 공유하는 거야.

그리스도를 모든 관계의 주춧돌로 삼아야 해. 물론 결혼생활도 마찬가지야. 부부가 신념이나 교회 활동의 차이 때문에 그리스도를 향한 믿음을 공유할 수 없다면 그것은 불행한 일이야. 만일 세례에 대해 서로 다른 생각을 갖고 있다면, 자녀의 세례는 어떻게 해야 할까? 하나님의 말씀을 믿는 바가 다르다면, 어떻게 함께 영적으로 성장할 수 있을까?

너와 다른 믿음을 갖고 있는 사람과 사귈 때 직면하는 또 한 가지 도전은 혼전 순결을 지키려는 갈망을 그가 이해하기 힘들 수도 있다는 거야. 하지만 그리스도인인 너를 사랑하는 남자는 결혼할 때까지 성적으로 친밀한 관계를 갖지 않겠다는 너의 갈망에 동의하고 존중해줄 거야. 너를 진심으로 사랑한다면, 그는 성에 대한 하나님의 계획이 두 사람과 태어날 아이들에게 최선임을 알게 될 거야.

그리스도인의 결혼생활을 원한다면 그리스도인과 결혼해야 한다는 것을 명심하렴. 하나님을 향한 믿음과 신뢰 위에 세워진 결혼생활은 다른 관계들과 달라. 남편과 아내가 둘 다 자신의 삶 속에서 하나님의 뜻을 구할 때, 행복한 가정을 가꾸기 위해 홀로 씨름하지 않아도 될 거야.

그들이 공유하는 하나님을 향한 믿음이 모든 목표와 가치관과 결정들의 기초가 되기 때문이지.

하나님은 어려움이 찾아올 때 그들에게 필요한 힘을 주셔. 용서와 기쁨이 가득한 삶으로 그들을 복되게 하신단다.

이혼의 두려움

간혹 뉴스를 통해 이혼율이 50퍼센트에 달한다는 소식을 듣고 결혼에 대한 두려움을 느끼는 경우가 있지? 한 해의 인구통계 자료를 근거로 결혼하는 사람의 수와 이혼하는 사람의 수를 비교해봄으로써 이혼율을 추정해볼 수 있는데, 예를 들어 미국의 통계자료에 따르면 2011년 이혼 건수와 혼인 건수를 비교해봤을 때 이혼율이 53퍼센트에 달한다고 해. 하지만 결혼하지 않고 동거하는 커플이 증가하고 있다는 사실을 고려해야 해. 결혼하는 사람들이 줄어들면 실제 이루어지는 이혼 건수가 이혼율에 미치는 영향이 더 커지거든.

그래도 조금이나마 희망적인 소식이 있어. 오랫동안 특정 부부를 추적해온 한 연구는 만 15세에서 46세 사이에 결혼한 커플 중에 약 43퍼센트가 이혼했다고 해. 53퍼센트에 비하면 10퍼센트나 낮은 수치야! 이 연구는 또한 두 번째나 세 번째 결혼인 경우, 너무 이른 나이에 결혼생활을 시작한 경우, 또는 부부의 교육 수준이 낮은 경우 이혼율이 더 높다고 해. 이혼율이 43퍼센트에 달한 데는 여러 가지 요인이 있었지.

학교를 졸업하고 결혼을 하려고 기다리는 젊은이들에게 용기를 주는 소식 몇 가지가 더 있어. 결혼 15주년 기념일에 조사해보니 결혼한 커플의 75퍼센트가 여전히 결혼생활을 하고 있다는 거야. 어쩌면 이혼율의 추세는 우리가 생각하는 것보다 그렇게 두려운 결과는 아닐지도 몰라.

또 다른 연구들은 건강하게 신앙생활하는 가정이 종교가 없는 부부들보다 이혼율이 35퍼센트나 낮다는 것을 보여줘. 이는 예수님을 향한 믿음을 배우자와 함께 공유하는 것이 서로 용서하고 같은 가치관을 품고 하나님 앞에서 맺은 결혼 서약을 존중함으로써 차이점을 해결하는 데 중요한 요소임을 드러낸단다.

그리고 (미국의 경우) 이혼율은 계속 감소하고 있는 것으로 보여. 이혼율은 1981년에 절정에 이르렀지만, 그 후에 결혼한 부부가 1970년대에 결혼한 부부에 비해 이혼한 수가 더 적었어.

통계만 보고 결혼을 두려워하지 마. 그것은 네가 결혼생활을 유지할 확률이 55퍼센트밖에 안 된다고 생각하기 때문이야! 미국 질병통제예방센터에서 시행한 가족 증가에 대한 조사는 결혼하지 않은 사람들에 비해 결혼한 남녀가 더 오래 살고, 위험한 행동을 덜 하며, 육체적 건강을 더 잘 돌보고, 성적 친밀함을 더 느끼며, 돈을 더 많이 벌고, 경제적인 저축도 더 많이 한다는 것을 보여줘. 이 모든 유익이 하나님께서 주시는 축복이야.

앞서 언급했듯이 하나님은 우리가 관계를 맺으며 살도록 만드셨어.

따라서 우리는 하나님과 다른 사람들이 우리 삶의 일부가 될 때 가장 건강해. 우리는 홀로 살도록 지음 받지 않았어. 결혼이 너를 향한 하나님의 뜻이 아니라 하더라도, 너는 여전히 하나님의 가족 안에서 형제자매들과 친밀한 관계를 맺고 있어.

죄인인 우리는 인간관계의 갈등에서 자유롭지 못할 거야. 하지만 우리 안에 계신 그리스도를 통해 우리의 관계는 사랑과 용서와 화해로 가득해질 수 있어. 이 모든 관계는 용기를 주고, 성취감을 주며, 하나님의 계획 안에서 보람을 느끼게 해줘.

CHAPTER 7

결혼, 둘이 하나 되기

하나님의 계획 묵상하기

세 겹 줄은 쉽게 끊어지지 아니하느니라 전 4:12

세 가닥의 실을 꼬아서 만든 수술을 생각해봐. 만약 실이 두 가닥밖에 없다면 쉽게 풀릴 거야. 그 실들을 함께 묶어두는 것이 없기 때문이지. 세 번째 실이 더해질 때 다른 두 줄을 단단히 고정시킬 거야.

성경은 인간관계에서 이 비유를 사용하는데, 종종 결혼생활에도 적용돼. 네가 결혼한다면 너와 네 남편은 두 가닥의 실처럼 함께 묶이는 거야. 하나님이 세 번째 실이란다.

하나님이 안 계시면 결혼 관계를 유지할 수 없을 거야. 부부가 함께 하나님의 말씀을 들음으로써 하나님의 사랑에 연결되어 있다면, 결혼생활은 더 견고해지고 서로 훨씬 더 끈끈하게 결합될 거야.

네 미래의 결혼생활 가운데 언제나 하나님을 중심에 두길 바라며, 그것이 너의 삶을 결속해주길 바라.

기도 하나님, 결혼이라는 선물을 주심으로 하나님의 자녀들이 서로에게, 또 하나님께 더 가까이 나아갈 수 있게 해주시니 감사합니다. 예수님의 죽음과 부활을 통해 마귀의 속박에서 벗어나게 해주시니 감사합니다. 귀하신 예수님의 이름으로 기도합니다. 아멘.

너는 결혼생활을 고대하고 있어. 그렇지 않니? 하나님의 계획에 의해 너는 성이라는 하나님의 선물을 귀하게 여기고 존중해왔어. 자제력을 발휘하기 위해 무척 노력해왔지. 이제 너는 성적 순결을 가지고 곧 남편이 될 사람과 함께할 거야.

만일 네가 성적 순결을 지키는 데 실패했더라도 그리스도 안에서 용서받았음을 기뻐하렴. 하나님이 두 사람이 함께 나누도록 계획하신 아름다운 성의 선물을 받을 준비를 하렴.

이 책의 첫 부분에서 읽은 창조 이야기를 다시 생각해봐. 하나님이 최초의 남녀 아담과 하와를 창조하셨을 때 그들에게 복을 주시고 한 몸이 되게 하셨어. 하나님은 그들에게 번성하라고 명령하셨지. 그들은 남자와 여자로서 특별히 함께 결합하도록 창조되었고, 감정적, 육체적으로 하나가 되어 서로 교감하고 하나님과 교감을 나누도록 만들어졌단다.

죄에 빠진 이후, 여전히 어려움이 있지만 결혼생활 안에서의 성생활은 대부분의 사람이 상상하는 것보다 훨씬 더 강력하고 놀라워! 그것은 한 몸을 이루는 연합의 절정이야! 이제 우리는 네가 남편과 함께 나누게 될 이 놀라운 선물에 대해 이야기할 거야.

- 성관계를 할 때 무슨 일이 일어나나요?
- 성적인 관계 속에서 결혼생활이 어떻게 달라지나요?
- 결혼한 부부는 얼마나 자주 성관계를 갖나요?
- 행복한 결혼생활의 비결이 있나요?

성관계를 할 때 일어나는 일

성관계는 육체적 행위 이상을 담고 있어. 하나님께서 남자와 여자가 한 몸이 된다고 말씀하신 것은 그들이 가장 깊고 친밀한 방식으로 모든 것을 공유한다는 의미야. 두 사람의 감정과 생각, 갈망과 소망, 꿈 등 모든 것이 결혼생활 속에서 공유돼. 성경은 이렇게 표현하지.

그에게는 영이 충만하였으나 오직 하나를 만들지 아니하셨느냐 말 2:15

결혼한 부부가 친밀하게 연합할 때 성교 전에 서로 만지고 부드럽게 애무하며 키스하는 시간이 있어. 이상적인 방법은 서로 어떤 유형의 신체적 접촉을 좋아하고 즐기는지 대화를 나누는 거야.

남편과 아내가 친밀감을 나누는 것은 부끄러운 일이 아니야. 그것은 솔직하게 서로 즐기는 거지. 부부가 점점 더 흥분하게 되면 심박동수와 혈압이 극적으로 상승하고 근육이 긴장해. 어떤 사람들은 홍역 같은 홍조가 몸의 일부에 나타나기도 해. 몸속의 호르몬과 화학물질이 분비되어 이 친밀한 행위에 대한 준비를 한단다.

남자의 음경에 피가 몰려들어 그 안에 머물며 음경을 단단하게 서 있게 만들어. 그리고 여자의 질이 확장되고 질을 부드럽게 하여 성교를 용이하게 하는 질액을 분비하지. 질구의 근육도 이완돼. 그녀의 음핵은 처음에 확장되고 평평해졌다가, 평소에 음핵의 대부분을 덮고 있는 음핵 귀두 아래로 약간 들어가.

남편과 아내가 둘 다 준비되면 하나님이 계획하신 방법대로 그들의 몸이 하나가 되기 위해 함께 노력해. 이것은 남편과 아내 모두에게 쾌감을 느끼게 하지. 여기에 뇌도 관여하여 감정을 고조시키고, 아드레날린 분비를 늘리고, 몸 전체의 신경종말을 자극하는 신경화학물질을 분비해.

둘 가운데 한 사람 혹은 두 사람 모두 오르가슴을 경험할 때까지 흥분이 고조될 거야. 남자의 음경에서 정액이 배출되고, 여자의 질은 여러 번 수축과 팽창을 하지. 그들은 아마 강렬한 육체적, 정신적 쾌락으로 몸이 떨릴 거야. 결혼생활의 친밀함 속에서, 부부는 아무 부끄러움 없이 벗은 몸으로 쾌감을 함께 나눌 수 있어.

그러다 그 모든 흥분의 징후가 사라지면 행복감과 완전한 편안함이 그들의 몸 안에 밀려들어. 이는 또한 강력한 뇌 화학물질의 결과이기도 해. 이때는 서로 꼭 안고 누워서 어루만지며 대화를 나누는 특별한 애정의 시간이 될 수 있어.

또한 부부관계의 안전함에서 오는 안도감과 평안함도 있을 거야. 부부는 서로 사랑하고 존중하며 소중히 여기겠다는 약속이 잘 지켜지고 있다고 확신할 수 있어. 성교를 하는 동안 서로의 연약함을 드러내도 괜찮으며 상대방과 최대한 가까워지는 경험을 할 수 있어. 결혼생활에서 그런 친밀한 시간은 사랑의 결속을 굳게 해준단다.

성관계는 항상 그런가요

성관계가 항상 가장 깊고 친밀한 방식으로 공유되는 것은 아니야. 부부마다 느끼는 필요나 편안함의 정도, 육체적 친밀감에 대한 관심이 다 다르기 때문이지. 결혼생활에서 육체적 친밀감을 나누는 방법은 다양해.

매일 표현하는 애정과 솔직한 대화가 육체적으로 사랑을 나누는 시간에 느끼는 친밀감을 더 강화시킨단다. 서로 더 익숙해지고 대화를 많이 나눌수록 상대방을 기쁘게 하는 여러 사랑 표현을 알게 될 거야.

사람들은 성관계를 황홀한 것, 영혼을 흔드는 것, 지루한 것, 충격적인 것, 깊은 만족을 주는 것, 고통스러운 것, 놀라울 정도로 편안한 것, 굴욕적인 것, 자신감을 세워주는 것, 실망을 안겨주는 것, 매혹적인 것, 혐오스러운 것, 즐거운 것 등으로 다양하게 묘사해왔어.

어떻게 똑같은 경험이 사람마다 그렇게 다를 수 있을까? 하나님은 성관계가 결혼생활에서 남녀가 서로에 대한 사랑을 최고로 즐겁게 표현하는 방식이 되기를 원하셔. 여러 곳에서 성경은 성관계에 대해 매우 긍정적으로 말한단다. 물론 결혼생활 내에서의 성관계를 말하는 것이지.

이는 곧 결혼생활 안에서의 성관계가 항상 좋은 느낌을 주고, 결혼생활 밖에서의 성관계는 언제나 나쁜 느낌을 준다는 뜻일까? 그렇게 단순하지 않아. 연구원들은 신뢰와 솔직함과 배려가 풍부한 결혼생활 안에서의 성관계에 비해 헌신이 없는 성관계는 생기가 없고 기쁨이 없다는 사실을 발견해. 그러나 결혼만으로 그렇게 되는 것은 아니야. 더 많은 것이 필요해.

성적 만족의 변화 요소

부부의 전반적인 관계가 성적 쾌락을 주고받을 수 있는 능력을 좌우해. 성교가 본래 의도대로 훌륭한 경험이 될 수 있으려면 먼저 부부가 서로에 대해 온전한 신뢰와 확신이 있어야 해. 부부가 조건 없이 사랑받고 있다는 것을 알아야 한단다. 이러한 사랑이 있을 때 배우자는 자유롭게 성관계를 제안할 수 있고 또 상대방이 거절당했다고 느끼지 않게 "나중에"라고 말할 수 있어.

결혼하지 않은 남녀가 성교를 통해 서로 더 가까워지려 한다면 그들은 실망하게 될 거야. 결혼과 상관없이 행해지는 성교는 의심과 불안을 일으킬 수 있거든. 결혼하지 않은 두 사람은 서로에 대한 굳은 믿음과 안정감이 없기 때문이지. 어떤 의미에서 그들은 결속을 강화하는 것이 아니라 더 약화시켜. 그들의 몸으로 거짓말을 했기 때문이야. 그들은 침대를 떠나 하나 된 삶을 사는 것이 아니라 각자 구속되지 않은 삶을 살아가.

그러나 부부간의 성교 속에서, 두 사람은 서로의 하나 됨을 기뻐한단다. 즉 그들이 결혼으로 한 몸이 되었다는 사실을 축하하는 거지.

그런데 좋은 관계 속에서도 성적 경험의 질과 강도는 때에 따라 크게 달라져. 부부가 함께 오르가슴에 이를 때도 있고, 각각 느낄 때도 있을 거야. 때로는 한 사람이 성교를 즐기지만 전혀 오르가슴에 이르지 못할 때도 있겠지.

대부분의 사람에게 성적 관계의 가장 중요한 부분은 감정적 친밀함이야. 그들의 가장 깊은 필요는 다정함과 친밀함, 함께 나눔으로 충족돼. 이것이 말라기서에서 육체와 영의 결합에 대해 이야기하는 이유야. 이 깊은 감정적 친밀함은 오직 헌신된 결혼생활 속에서만 생길 수 있어. 왜냐하면 그것은 하나님의 선한 계획에 따라 생기기 때문이지.

사랑, 죽음이 우리를 갈라놓을 때까지

일단 결혼하면 남편과 아내는 모든 개인적 욕구를 즉각적으로 만족시켜 달라고 요구하지 않아. 자기중심적인 배우자는 관계를 어렵게 만드는데, 결혼생활은 서로를 섬기는 것이기 때문이야.

결혼생활이 건강하게 유지되고 성장하려면 양쪽 배우자의 수고와 관심이 필요해. 결혼생활은 매일 노력이 필요한 거야! 남자와 여자가 결혼서약을 할 때 자신들이 실제로 사랑에 관하여 무슨 약속을 하고 있는지 잘 생각해보아야 해.

- 우리는 언제나 서로의 말을 경청할 것이다. 상대방의 필요를 이해하고 채워주기 위해 노력할 때 우리 안에서 일하시는 하나님의 능력을 구할 것이다.
- 매일 서로에게 "당신은 내 인생에서 가장 중요한 사람입니다"라고 말하고, 이를 증명할 것이다. 서로의 사랑 안에서 안정감을 얻는 우리는 더 작은 관계들이 우리를 위협하게 놔두지 않을 것이다.
- 모든 재능과 성공은 하나님으로부터 오는 선물임을 알기에, 우리 중 누구도 세상의 눈으로 볼 때 더 중요한 사람이 되기 위해 상대방을 이길 필요가 없다.
- 우리는 가장 귀한 손님을 대할 때와 똑같은 예의와 배려와 관심으로 서로를 대할 것이다.
- 우리 각 사람에게, 상대방의 필요는 자신의 필요만큼 중요할 것이다. 억압된 분노나 염려 때문에 화를 내는 경우가 많다는 것을 인지하고, 우리는 실제 감정을 서로에게 솔직히 털어놓으려고 할 것이다. 서로 사랑하기 때문에 상대방에게 상처가 될 만한 말과 행동을 조심할 것이다.
- 때때로 우리는 실패하고 서로 상처를 주기도 할 것이다. 그러나 용서받

은 죄인으로서 앙갚음하거나 이해득실을 따지지 않고 잘못을 용서해 줄 수 있다.

- 그리스도가 우리 안에 계시므로 우리는 서로 하나님의 말씀을 공부하고 하나님의 진리 안에 살도록 격려할 수 있다.
- 우리는 결혼생활을 끝까지 유지하고 서로에게 평생 온전히 헌신할 것이다. 힘든 시간이 와도 포기하지 않을 것이다. 우리는 싸우고, 기도하며, 사랑하고, 성장할 것이다.
- 죽음이 우리를 갈라놓을 때까지 우리는 그리스도 안에서 하나이다.

고린도전서 13장 4-8절에는 성경적인 남성성과 여성성의 특징이 나타나 있어. 그리스도께 초점을 두고, 남편과 아내는 주님이 우리를 사랑하시는 것처럼 서로 사랑할 수 있어. 이 사랑은 잘못에 대해 바로 사과하고 배우자의 실수를 기록해두지 않아. 자기를 내어주는 사랑의 겸손함은 배우자가 그와 같이 나를 사랑하게 해.

네가 성인으로 성숙해갈 때 이 구절들을 늘 가까이 두렴. 그 말씀은 우리가 배우자뿐 아니라 다른 모든 사람에게 어떤 사랑을 나타내야 하는지 보여줘. 네가 결혼을 하든 독신으로 남든 네 안에 있는 그리스도의 사랑, 오래 참고 온유하며 시기하지 않고 자랑하지 않는 그 사랑은 다른 사람들을 섬기는 사랑이야.

결혼이 성적인 관계에 가져오는 변화

혼인증명서는 '좋든 나쁘든' 결혼생활을 해나가겠다는 공개적 선언의 증거야. 부부는 서로 이렇게 말하는 거야.

"무슨 일이 있어도, 즉 어떤 신체적 변화나 질병이 있더라도, 감정적으로나 정신적으로 싸우게 되더라도, 영적인 도전들이 밀려올 때도 나는 그 자리에 있을 거예요. 모든 어려움과 축복을 함께 나눠요."

결혼식에 참석한 모든 사람이 혼인 서약의 증인이며, 사랑으로 그들의 서약에 대한 책임을 물을 수 있어.

결혼식에 증인들이 있는 또 한 가지 이유는 각 결혼생활의 건강이 공동체의 건강에 영향을 미치기 때문이야. 네가 혼인 서약을 지키지 않는다면 단지 배우자에게만 상처를 주는 것이 아니란다. 공동체 전체를 흔드는 거야. 공동체는 종종 실패한 결혼생활로 인한 피해를 줄이기 위해 매우 열심히 노력해야 해.

어느 연구에 의하면 한 부부가 이혼할 때 그 주에서는 거의 3만 달러의 비용이 든다고 해. 이는 저소득층을 위한 식료품 할인 구매권이나 공영주택의 사용이 늘어나는 것 같은 사실들을 근거로 한 것이지. 감정적, 영적인 비용은 그보다 훨씬 더 커.

어떤 사람들은 결혼이 온전한 헌신과 자신의 약함을 가감 없이 드러내는 것을 의미하기 때문에 결혼을 두려워해. 만일 네가 지혜롭지 못한 선택을 한다면 심한 상처를 입을 거야. 어떤 사람들은 과거에 입은 상처 때문에 누군가를 온전히 신뢰하기가 어려울 거야.

하지만 부부가 조금씩 감추며 자신이 너무 위험해질까 봐 두려워하면 감정적으로나 성적으로 온전한 친밀함은 경험하지 못할 거야. 평생 헌신의 안전망을 벗어나면, 어떤 문제가 불안을 일으키고 불안 자체가 서로 간의 성적 만족을 어렵게 하는 장애물이 될 수 있어.

하나님은 남자와 여자가 결혼하여 '한 몸이 되기'를 원하셔(창 2:24). 성적 관계 속에서 하나가 된 느낌은 반드시 하룻밤 사이에 생기지 않아. 때로는 온전히 만족을 주는 성적 관계에 이르기 위해 수년간 사랑의 대화와 지속적인 적응이 필요하기도 해.

결혼한 부부는 얼마나 자주 성관계를 하나?

성관계의 빈도는 개인마다 차이가 커서 무엇이 정상이라고 정의를 내리기가 불가능해. 한 사람의 성적 욕구는 그날그날의 기분에 따라 달라질 수 있어.

세월이 흐르면서 종종 절박한 육체적 욕구보다는 더 온전한 정서적 교감에 대한 갈망이 커지고, 성적 경험의 빈도는 줄어든단다. 물론 건강한 부부는 결혼생활 내내 성관계를 중요하게 여길 거야. 실제로 대부분의 사람은 죽을 때까지 육체적으로 성적인 활동을 할 수 있어.

젊은 신혼부부들이 성관계의 빈도에 중점을 두는 것은 흔한 일이야. 특히 그들이 결혼을 위해 성적인 관계를 보류해온 경우에는 더 그렇지. 하지만 더 중요한 문제는 친밀감을 느낄 때마다 자기희생적인 사랑이 따라오느냐는 거야.

어떤 사람들은 결혼생활 안에서 많은 성관계를 갖는 것이 행복의 열쇠라고 잘못 믿고 있어. 그러나 한 배우자가 단지 자신의 성적 쾌락을 위해 상대방을 이용하고 있다면 반드시 문제가 발생할 거야.

우리가 그리스도와 교회의 관계에 비추어 부부간의 사랑을 바라본다면 결혼생활 안에서 성적 친밀함은 배우자에게 충실히 자신을 내어주는 거야. 그리고 남편이 네게 충실히 자신을 내어주고 있다는 것을 아는 것이지.

행복한 결혼생활의 비결

그리스도와 그분의 용서와 각 사람을 향한 사랑 위에 결혼생활을 세워간다면 어려움이 찾아와도 무너지지 않을 거야. 예수님은 "두세 사람이 내 이름으로 모인 곳에는 나도 그들 중에 있느니라"(마 18:20)라고 약속하셨어. 이 말씀은 어느 그리스도인들의 모임에나 적용돼.

주님의 그 약속이 결혼이라는 친밀한 관계에 어떠한 힘을 더해줄지 생각해보렴! 하나님은 남편과 아내 안에서 그들을 통해 일하시고, 각 부부가 사랑을 나누도록 도우시며 "기쁨을 충만하게" 해주셔(요 15:11).

사도 바울은 그리스도인의 결혼을 그리스도와 그분의 교회인 우리의 관계에 비유해(엡 5:22-33). 그리스도의 사랑은 우리가 배우자를 향해 품어야 할 사랑의 본이 돼. 자신을 희생하는 사랑, 상대방이 무엇을 하는지, 또는 어떤 사람인지에 좌우되지 않는 사랑, 아무 조건 없는 사랑, 어떤 식으로든 애써 쟁취하지 않아도 되는 사랑이지.

사람들은 오늘날에도 여전히 결혼이 두 사람의 다정하고 친밀한 연합이 되기를 기대해. 이것은 믿기지 않을 만큼 보상이 클 뿐만 아니라 부담도 클 수 있어.

남편과 아내는 갈등을 해결하고 서로 생각이 다른 부분에 대해 용서하고 존중하며 풀어가기 위해 함께 노력해야 해. 좋은 대화를 나누기 위해 함께 기도해야 하지. 또한 그들 스스로 가정과 가족을 만들어가기 위해 함께 노력해야 해. 그들은 이런 논의를 할 거야.

- 어떻게 하나님을 확실히 우리 가정의 기반으로 삼을 수 있을까? 하나님을 섬기고 찬양하기 위해 무엇을 할 수 있을까?
- 하나님의 선물인 자녀들에 대한 계획은 어떻게 세워야 할까? 대가족이나 소가족, 아니면 자녀가 아예 없는 것이 좋을까? 육아에 어떻게 접근해야 할까?
- 돈 관리를 어떻게 해야 할까? 무엇을 살지 어떻게 결정해야 하지? 서로 생각이 다르면 어떻게 할까?
- 가사를 어떻게 분담할까? 부모님이 하시던 대로 따를까, 아니면 우리만의 방식을 만들까?
- 어디서 살아야 할까? 둘 다 밖에서 일을 할까? 여가 활동은 어떻게 함께하지? 어떤 물질적인 것들(집, 차 등)을 갖기 원하니?

가족의 필요와 욕구에 대해 의논했으면, 너와 남편이 이 필요들을 어떻게 하면 가장 잘 충족시킬 수 있을지 결정해야 할 거야. 네가 갈망하거나 원하는 어떤 것들은 가족의 필요를 만족시키기 위해 희생하거나 미뤄두어야 할 거야. 때로는 더 큰 집과 새 차, 돈이 많이 드는 휴가 등을 재정적 수입이나 가진 재산 내에서 생활하기 위해 제쳐놓아야 하지.

하나님이 자녀를 선물로 주시면 네 가정에는 극적인 변화가 필요해. 어머니이자 아내로서 너는 하나님의 여성이 되는 독특한 방식으로 가족을 돌봐야 할 깊고 가치 있는 책임이 있어.

모든 것은 변할 거야. 오직 하나님의 약속들만 그대로 남아 있지. 하나님은 네게 닥치는 모든 일에 대처하도록 도와주실 거야. 너는 죄인이고 또 죄인과 결혼하는 것이므로 결혼생활이 항상 행복하지만은 않을 거야. 그러나 하나님의 은혜로, 그리스도의 사랑과 용서 위에 세워진 결혼생활에는 큰 평안과 만족이 있단다.

그리스도를 경외함으로 피차 복종하라 엡 5:21

CHAPTER 8

둘이 셋이 될 때

하나님의 계획 묵상하기

또 아비들아 너희 자녀를 노엽게 하지 말고 오직 주의 교훈과 훈계로 양육하라 엡 6:4

부모가 된다는 것은 엄청난 책임을 지는 일이야! 아기들은 끊임없이 관심을 갖고 보살펴야 해. 밤중에도 먹여야 하고 주기적으로 기저귀를 갈아주어야 해. 아기가 안전하게 사랑받고 있다는 것을 알게 해야 하지. 또한 아이의 육체적 건강 외에도 정서적, 영적인 건강을 돌봐야 한단다.

하나님은 그리스도인 부모에게 제일 먼저 자녀에게 예수님에 대해 전해줄 책임과 특권을 주셔. 부모는 아기를 교회에 데려와 세례를 받게 해. 즉 말씀을 통해 그리스도를 향한 믿음을 받아들이고 물로 세례를 받게 하지. 그들은 계속해서 자녀를 교회 주일학교에 데려오고, 믿음이 성장하도록 가족이 함께 성경을 읽는단다.

하나님이 결혼한 이들에게 이 책임을 부여하신 데는 이유가 있어. 가족이라는 선물을 통해 하나님은 부모와 자녀들에게 사랑과 지원을 아끼지 않으시고 격려하셔. 얼마나 큰 책임이며 축복이니!

기도 사랑하는 예수님, 저의 모든 죗값을 치르기 위해 십자가 위에서 돌아가시고 다시 살아나신 것을 감사드립니다. 가족을 주시고 저와 함께 사는 이들을 사랑하고 섬길 기회를 주셔서 감사합니다. 결혼과 부모가 되는 것에 대해 깊이 생각하게 하시고, 하나님을 향한 사랑과 또 서로를 향한 사랑 안에서 저와 제 미래의 남편을 강건하게 해주세요. 예수님의 이름으로 기도합니다. 아멘.

겸손히 하나님의 길로 행하며 성인으로 성장한 우리는 결혼이 더욱더 그리스도를 닮아갈 풍성한 기회를 제공한다는 것을 알게 될 거야. 어떤 사람은 결혼을 '사랑을 위한 하나님의 훈련장'이라고 불렀지.

다른 사람을 위해 자신을 기꺼이 내어준다는 것은 얼마나 아름답고 만족감을 주는지! 결혼생활이 그러하다면, 하물며 부모가 될 때는 어떻겠어! 자녀들을 보살피고 양육하기 위한 매일의 노력은 인생의 다른 경험들처럼 보상과 도전들로 가득해.

너는 아직 부모가 될 준비가 안 되었다고 느끼며, 어쩌면 그런 엄청난 책임을 감당할 준비가 안 되어 있을 거야. 심지어 네가 자녀들을 원하는지 확실히 모를 수도 있어. 그냥 아이 없이 둘이 사는 것이 더 재미있지 않을까?

창조 이야기를 다시 생각해보자. 새로 창조된 남자와 여자에게 하나님이 주신 첫 번째 복은 "생육하고 번성하여 땅에 충만하라"(창 1:28)는 것이었어. 이것은 저주나 부담이 아니었어. 비록 그들의 죄로 인해 모든 관계 속에서 힘들게 싸워야 하고 여자들에게는 출산의 고통이 따르게 되었지만 말이야.

그보다 창조주 하나님은 인간들의 육체적 결합을 통해 새 생명이 태어나게 하심으로써 그들이 하나님의 계속되는 창조에 동참하게 해주셨어. 말라기서 2장 말씀을 기억하렴.

> 그에게는 영이 충만하였으나 오직 하나를 만들지 아니하셨느냐 어찌하여 하나만 만드셨느냐 이는 경건한 자손을 얻고자 하심이라 말 2:15

결혼하고 자녀를 낳는 것은 네 인생에서 가장 값진 경험일 거야. 그러나 대부분의 사람이 준비 없이 시작할 수 있는 일은 아니야. 이 장에서는 하나님이 너와 남편에게 자녀의 선물을 주실 때 그와 관련된 일들에 관한 일반적인 질문에 답하려 해.

아기를 맞을 준비가 되었니?

솔직히 아무도 아기를 위해 '준비되어' 있을 수 없어. 하지만 네 삶 속에서 경험한 일들 가운데 부모가 되는 기쁨과 도전들에 비교할 수 있는 것은 거의 없어. 인생의 주관자이신 하나님께서 네가 '준비될' 때를 선택하신다고 믿으렴. 신실하신 하나님이 자녀라는 선물을 허락하실 때, 네가 준비하는 데 필요한 모든 것을 제공해주실 거야.

그런데 아이를 맞이하기 위해 네가 준비할 수 있는 일들이 있어. 너와 남편은 자기 자신과 결혼생활 속에 사랑과 섬김, 자기희생의 태도를 구축할 수 있어. 그것은 이 세상에 태어나는 아기를 환영해주기 위한 가장 좋은 토대를 마련해줘.

그러나 어떤 사람이 여전히 '진행 중인 미완성'이라 해도, 자녀를 갖는 것은 두려워하거나 회피할 일이 아니야. 사실 우리 모두가 그렇지 않니? 너와 남편은 관계 속에서 안전망을 구축하기 위해 계속 노력하고, 행복한 결혼생활을 하며 좋은 부모가 되는 데 필요한 재정적, 정서적, 영적 헌신을 통해 노력할 수 있어. 정기적인 예배, 성경 공부, 함께 기도하는 시간, 재정과 소비에 대한 솔직한 대화, 서로 보살피며 집안일을 돕는 것, 외적인 스트레스를 다루기 위한 진솔한 대화와 격려, 이 모든 것이 건강한 그리스도인의 가정을 세우기 위한 블록들이야.

그러나 많은 부부가 이 모든 블록을 완벽히 쌓지 못한 상태에서 임신의 기쁨에 깜짝 놀라. 이 준비 기간은 부부가 당면한 문제들을 해결해가면서 유대감을 경험하는 놀라운 시간이 될 수 있어.

궁극적으로 가장 좋은 때는 하나님의 때야. 하나님은 언제나 남편과 아내의 결합에 복 주시는 분이셔. 하나님만이 성적인 결합을 통해 아기가 잉태되도록 하시며, 그분의 뜻에 따라, 그분의 때에 생명을 허락하신단다.

우리가 어떻게 가정을 꾸리고 삶의 단계를 밟아나갈지 두렵더라도, 하나님이 우리의 필요와 아이들의 필요를 채워주실 것이라고 믿는 것이 우리의 의무야. 하나님은 삶의 도전을 통해 우리와 함께하시며 우리를 강하게 해주신다고 약속하셨어. 우리의 기도를 들으신다는 하나님의 약속과 우리가 그분의 말씀 속에서 발견하는 힘은 우리에게 소망을 주며, 우리가 확신과 평안을 가지고 미래에 직면하도록 도와줘.

임신에 대한 여러 질문들

"자녀를 기르는 데 어떤 어려움이 따를까요?"

자녀들은 기쁨을 주고, 사랑스러워 꼭 안고 싶은 매력을 가진 존재들이야. 물론 아이들은 칭얼거리고, 악몽을 꾸고 무서워하며, 서로 싸우고, 우리의 인내심의 한계를 시험하기도 하지.

하나님은 자녀를 통해 우리에게 복을 주시고 또 가르치셔. 우리가 자녀들의 필요에 반응할 때, 우리 스스로 가능하다고 생각했던 것보다 더 지혜롭고 책임감 있게 참고 인내하며 이타적인 사람이 돼!

하나님의 도우심으로, 너는 인생의 모든 도전에 맞서는 것과 같이 자녀들을 낳아 기르는 도전들에 직면하게 될 거야. 즉 겸손하게 하나님과 자녀들을 섬기고 네가 실패할 때는 용서를 구하면서 말이야. 좋은 부모는 하나님의 도움과 지혜를 구하는 경건한 부모란다.

어떤 사람들은 흔들리는 결혼생활을 강화하기 위해 자녀라는 선물을 악용해. 이것은 성이나 자녀의 탄생이라는 하나님의 선물에 대한 적절한 반응이 아니며, 가정에 많은 문제를 야기할 수 있어. 우리는 그 누구도, 특히 아기들을 대상화하지 않도록 주의해야 해. 생명은 모든 단계에서 존중받아야 하며, 다른 사람들을 조종하는 데 이용되어서는 안 돼.

우리가 가족의 의미를 생각하며 자녀라는 선물을 기쁘게 받아들이는 것은 하나님이 우리에게 바라시는 태도야. 우리는 자녀를 갖는 것이 결혼과 성에 대한 하나님의 계획을 이루는 것임을 기억해.

자녀는 기쁨을 가져다줘. 실제로 2007년에 부모들을 대상으로 조사한 결과 자녀들(배우자와 더불어)이 성인의 행복과 만족의 원천으로 꼽히는 것 중 1위를 차지했어. 직장, 돈, 물질 등은 사라질 수 있지만, 가족은 우리에게 깊은 만족을 줄 수 있어. 부모가 되면 자녀들이 얼마나 큰 축복과 기쁨이 되는지 알게 될 거야! 그것이 바로 하나님의 계획이야!

"여자는 자기가 임신을 했는지 어떻게 알 수 있죠?"

의사들은 임신 여부를 확인할 때 자궁과 유방의 크기가 커졌는지 봐.

자궁경부가 더 부드러워지고 푸르스름한 색을 띨 수도 있어. 의사들은 또한 호르몬 변화를 알아보기 위해 혈액이나 소변 검사를 한단다. 이것은 수정된 지 열흘 정도 지난 후에 감지될 수 있어.

여자는 임신하면 생리를 안 하고, 유방이 풍만해지고 압통이 있으며, 아침 식사 전 메스꺼움과 평상시와 다른 피로감, 빈뇨증과 같은 징후 중 일부 또는 모든 것을 느낄 수 있어. 그러나 이 모든 징후는 다른 원인에서 올 수도 있지. 흔치 않은 일이지만 임신한 여자가 정상적인 생리를 할 수도 있어.

요즘은 가정용 임신 테스트기를 쉽게 사용할 수 있지만 100퍼센트 정확한 것은 아니야. 임신의 조기 진단이 매우 중요하기 때문에 병원에 가는 것이 훨씬 더 좋아.

자라는 아기에게 심한 해가 될 수 있는 것들, 즉 약물이나 흡연, 술, 마약 같은 것들이 많아. 신체적 상태가 좋은 임산부들이 훨씬 더 건강한 아기를 낳으며 임신과 분만 중에 문제가 생길 확률이 더 적단다.

"난자와 정자가 난관에서 만날 때 무슨 일이 생기나요?"

수정된 난자는 부드러운 자궁벽에 착상되고, 난자 주위에 양막이라는 얇고 질긴 막이 형성돼. 양막은 양수라는 묽은 액체로 가득 차 있어. 자라나는 아기(이 단계에서는 '배아'라고 불러)는 양수 속에 떠 있어. 양수는 부딪힘이나 온도 변화로부터 아기를 보호해줘.

두 달이 지나면 배아는 뇌와 심장, 간, 눈, 귀, 팔, 다리를 갖게 돼. 아직 완전히 발달된 것은 아니지만 알아볼 수 있어. 8주가 지나면 이때부터 인간 배아를 '태아'라 불러. 혈관들의 평평한 망인 태반이 자궁벽에 형성되어 있어. 엄마와 아기는 각각의 혈류를 갖고 있지. 태반은 엄마의 혈관에 가까이 있어서 음식과 산소가 태반을 통해 탯줄과 태아에게 전달돼.

3~4개월에는 아기의 손가락과 발가락에 손톱, 발톱이 생기기 시작해. 엄마는 아기가 움직일 때 몸속에서 약간의 떨림을 느끼는 신비로운 경험을 하게 돼. 태아가 계속 성장하면 엄마의 자궁과 복부가 본래 크기에서 몇 배 더 늘어나. 그녀는 몸 안에서 아기가 움직이는 것을 더 의식하게 돼.

"아기의 성별은 어떻게 결정되나요?"

정자와 난자를 포함하여 모든 인간의 세포는 23쌍의 염색체를 갖고 있어. 각 염색체는 유전자, 즉 다음 세대에게 전달되는 다양한 특성을 포함하고 있어. 남자의 정자 중 절반가량이 남성 염색체를 갖고 있고, 나머지 절반은 여성 염색체를 갖고 있어. 아기가 남자인지 여자인지는 어떤 정자가 난자에 제일 먼저 다다르느냐에 달려 있어.

대부분의 임산부는 아기가 어떻게 자라고 있는지 확인하기 위해 한 달에 한 번 정도 검진을 받아. 의사들은 특수한 초음파 기계로 아기가 자궁 속에서 어떻게 자라고 있는지 보여줘. 의사나 초음파 검사자는 아기를 가족에게 보여주기 위해 사진을 찍을 수 있어. 초음파 영상을 통해 아기가 남자인지 여자인지도 알 수 있단다.

"부모에게서 물려받는 모든 것을 결정하는 것은 무엇인가요?"

사람들은 부모로부터 여러 가능성을 물려받아. 살면서 그 가능성들을 발전시킬 수도 있고 그렇지 않을 수도 있지. 이 가능성에는 운동신경, 지적 능력, 음악적 재능이 포함돼.

사람들은 대부분 자신이 사용하는 것보다 훨씬 더 많은 선천적 재능을 물려받아. 이 모든 잠재력은 정자가 난자와 만날 때 형성되는 새로운 세포 안에 있어.

여자의 몸은 평생 수백 개의 난자를 만들어내는데, 각각 서로 다른 유전자의 조합을 갖고 있어. 어떤 유전자는 그녀 자신이 갖고 있지 않은 특성들을 갖고 있지. 예를 들면, 그녀의 증조할아버지를 닮은 붉은색 머리카락 같은 거야. 남자의 몸은 평생 수십억 개의 정자를 만들어내는데, 각각 자기 가족에게서 받은 서로 다른 유전자의 조합을 갖고 있어. 보통 남성은 사정할 때 5천만 마리의 정자를 방출해.

아기의 특성들은 어떤 정자가 어떤 난자와 만나느냐에 따라 결정될 거야. 부모로서 느끼는 특별한 경이로움 가운데 하나는 자신의 특성 중 일부가 자신이 사랑하는 사람의 특성들과 결합하여 완전히 독특한 개인을 만들어내는 것을 보는 거야.

"아기가 태어날 때 어떤 일이 생기나요?"

산통을 겪는 동안, 자궁 안의 강한 근육이 30초가량 수축되다가 이완돼. 처음엔 수축이 가벼운 생리통처럼 느껴지고 약 15분에서 20분 간격으로 오지만, 점점 더 강해지고 간격도 짧아져. 자궁이 서서히 아기를 아래로 밀어내고, 어느 시점에 양수의 막이 터져서 양수가 질을 통해 흘러나와.

점점 자궁문이 넓어져서, 약 0.3센티미터에서 10센티미터까지 늘어나. 더 심한 수축으로 아기를 질 속으로 밀어내지. 엄마는 아기를 밀어내기 위해 복근을 수축시켜. 종종 아빠가 그녀를 안아주고 격려해주며 도와줘. 많은 예비 부모는 이 순간을 준비하기 위해 수업을 받아.

보통은 아기의 머리가 제일 먼저 보이고, 그다음에 어깨가 보여. 의사는 아기가 태어날 때까지 안내하고 도와주는 역할을 하지만, 절대 아기를 잡아당기지 않아.

그리고 아기가 태어나 정상적으로 호흡하면 탯줄을 배에서 약 8센티미터 정도 되는 지점에서 잘라. 시간이 지나면 남은 부분이 말라서 저절로 떨어지고 배꼽만 남게 된단다. 아기에게 영양을 공급했던 태반은 더 이상 필요하지 않으므로 이제 어머니의 몸에서 배출돼. 첫 진통부터 분만까지 모든 출산 과정은 보통 첫아이의 경우 8시간에서 12시간 정도 걸려.

어떤 상황에서는 제왕절개 수술을 하기도 해. 의사가 어머니의 복부와 자궁을 절개하여 아기를 분만하는 거야. 이 수술은 보통 어머니가 나이가 너무 많거나 몸이 약해 자연분만이 어려운 경우나 아기가 거꾸로 자리 잡고 있을 때(머리가 아래로 향해 있지 않고 발이 먼저 나올 때) 많이 해.

대부분의 아기는 병원에서 태어나지만 집이나 분만센터에서 건강한 아기를 낳는 것도 가능해. 의사와 간호사들은 산모와 아기가 좀 더 편안하도록 도와줘. 아기의 아버지도 종종 도와줘. 그리고 조산사나 임산부 도우미 같은 숙련된 간병인에게 도움과 지원을 받는 여성들이 점점 더 늘어나고 있어.

"출산은 고통스러운가요?"

인류가 죄에 빠진 결과, 여자들은 출산하는 동안 고통을 겪어. 자라나는 아기를 위한 공간을 만드느라 늘어난 자궁의 근육이 조여지면서 아기를 자궁에서 질 안으로 밀어내. 이 과정은 여러 시간이 걸릴 수 있어.

많은 병원과 그 외 기관들이 예비 부모들에게 진통과 분만 시 일어나는 일들에 대해 가르쳐주는 출산 강좌를 제공해. 때로는 라마즈 수업이라고도 불러. 아기가 태어나기 전 몇 달 동안 부모는 진통과 분만의 과정을 숙지하고 또 산모가 어느 정도 고통을 다스릴 수 있도록 도와줄 운동법과 호흡법을 배우기 위해 이런 수업을 들을 수 있어.

앞으로 일어날 일에 대해 잘 아는 임산부는 좀 더 편안한 마음으로 대처하여 고통을 덜 겪어. 그러나 고통은 개인마다 달라. 어떤 여자들은 진통을 겪는 동안 고통을 다스리도록 도와줄 약의 도움을 받아.

"쌍둥이나 세쌍둥이를 낳는 것이 더 힘든가요?"

쌍둥이나 세쌍둥이를 낳는 게 더 힘들 것 같은데 사실은 그렇지 않아. 물론 태아의 무게가 더 나가기 때문에 임신 마지막 달 정도에는 엄마가 조금 더 불편할 수 있어. 그러나 단태아를 출산하는 것과 마찬가지야. 쌍둥이든 세쌍둥이든 아기들은 한 번의 출산으로 태어나거든.

다만 쌍둥이들은 다른 아기들보다 더 작게 태어날 가능성이 높기 때문에 한동안 특별한 보살핌이 필요해.

"일란성 쌍둥이와 이란성 쌍둥이의 차이는 무엇인가요?"

이란성 쌍둥이는 두 개의 정자가 두 개의 난자와 결합할 때 잉태돼. 이 아이들은 종종 서로 특별히 가깝게 느끼지만, 부모에게서 각각 다른 특성들을 물려받았어.

일란성 쌍둥이는 하나의 정자와 난자가 결합한 수정란이 나중에 두 세포로 분열하는 거야. 정확히 똑같은 이 세포들은 각각의 개인으로 자란단다. 그런데 일란성 쌍둥이는 똑같은 유전적 특성들을 가지고 삶을 시작하지만, 서로 다른 경험을 하거나 다른 선택을 해. 결국 각 사람은 세상 누구와도 다른 독특한 개인이 되지. 저마다 하나님과 특별한 관계를 갖게 돼.

"자녀가 하나님이 주신 선물이라면, 왜 그렇게 많은 초보 부모들이 피곤하고 우울해하죠?"

초보 부모들은 누구나 피곤해. 새로운 가족 구성원은 걸핏하면 낮에는 종일 자고 밤에는 내내 깨어 있는 듯하기 때문이지. 실제로 신생아는 두세 시간 단위로 자고 깨고를 반복해. 신생아를 돌보는 일은 매우 고되지. 특히 처음 한두 달 동안은 더 그럴 거야.

갓 엄마가 된 여자의 몸속에서 일어나는 정상적인 호르몬 변화도 우울한 감정을 일으킬 수 있어. 남편과 다른 가족들, 친구들의 도움으로 엄마들은 대개 이 우울한 기간을 잘 지나가게 돼.

그러나 어떤 사람들은 우울증이 더 심할 수 있어. 여자들의 약 11퍼센트는 좀 더 심각한 산후우울증 진단을 받아. 이런 우울증은 상담가나 정신과 의사의 도움을 받아 극복하는 것이 가장 좋아.

초보 부모들은 자신들이 생각하는 좋은 부모의 이상적인 모습에 미치지 못하기 때문에 속상할 수 있어. 그들은 아기가 울 때 능숙하게 아기를 잘 달래주지 못해. 어쩌면 엄마 자신이 바라던 만큼 아기를 잘 보살피지 못할 거야.

초보 부모를 불안하게 만드는 일들이 많이 일어날 거야. 따라서 초보 부모의 불안을 가라앉히도록 도와주고 계속해서 하나님께 인내심과 지혜와 이해력을 달라고 기도해줄 목사님과 가족, 친구들이 있으면 좋아. 또한 최대한 일찍부터 아이들을 예배에 데려가고, 성경 이야기를 읽어주며, 그리스도를 향한 믿음에 대해 이야기해주렴. 이것만으로도 불안해하는 부모들의 마음이 많이 편안해져.

때로는 초보 부모가 적응하려고 애쓸 때 전문적인 도움이 필요해. 부모로서 해야 할 일들에 적응하기 어렵다면, 도움을 줄 수 있는 숙련된 그리스도인 상담가의 도움을 받는 것이 좋아.

물론 부모는 자기 아기를 사랑하지만, 거의 모든 부모는 때때로 아기를 그렇게 많이 좋아하지 않는 것처럼 느끼거나 부모 역할의 어려움 때문에 좌절감을 느낄 거야. 그들은 아기가 그들의 삶에 가져온 변화들이 싫을 거야. 책임이 너무 무겁고 답답하게 느껴질 거야.

가족에게 세 번째(또는 그 이상의) 구성원이 더해진 것은 가족 전체의 역학관계를 변화시켜. 예를 들면 남편과 아내가 함께 보낼 수 있는 시간, 재정 등에 변화가 생겨. 그러므로 남편과 아내가 육아를 분담하고 사랑과 헌신으로 아기를 보살피고 서로를 보살필 때 서로 간의 소통이 정말 중요해.

그들이 서로 사랑하고 이해하고 지지해줄 때 함께하는 이 경험은 결국 매우 긍정적인 경험이 될 거야. 기도하고 하나님이 말씀을 통해 주시는 힘에 의지하는 것만큼 감정에 대해 이야기를 나누는 것도 도움이 돼. 시간이 갈수록 초보 부모는 비록 짜증과 분노의 감정이 있을지라도, 자녀에 대한 사랑은 서로를 향한 사랑과 하나님을 향한 사랑의 기본적인 부분으로서 점점 자라난다는 것을 알게 될 거야.

초보 부모는 이제 자녀가 없는 삶을 상상할 수 없고 절대 원치 않을 거야! 자녀는 책임을 부여하지만, 그만큼 큰 축복이야(시 127:3,4). 힘든 시간도 있지만 보람되고 즐겁고 기쁨으로 가득한 순간들이 훨씬 더 많단다.

"유산은 무엇인가요?"

때로는 태아가 제대로 성장하지 못하여 자궁이 태아를 몸 밖으로 밀어내. 이것을 유산이라고 하며, 대개 임신 첫 7주 동안 일어나. 자연 유산은 많은 여자에게 일어나는데, 그중 많은 이들은 유산이 일어날 때 자기가 임신을 했다는 것도 모를 거야. 모든 수정란의 절반가량은 사망하여 저절로 없어지는 것으로 추정돼.

반면에 아기가 몸 안에서 자라고 있다는 것을 이미 알고 있는 사람들에게(임신의 15-20퍼센트) 유산은 깊은 상심과 슬픔을 가져와. 그러나 많은 건강한 여성은 유산을 겪은 후에도 자연스럽게 다음 아기를 가져.

"조산아는 무엇인가요?"

약 13퍼센트의 아기들은 엄마의 배 속에서 40주(9개월)를 채우지 못하고 37주 전에 태어나는데, 이것을 조산이라고 해. 1980년 이후로 미국의 조산율은 36퍼센트 증가했어.

아기가 한 달 이상 먼저 태어나면 아마 체중이 2.7킬로그램도 안 될 거야. 그렇게 작은 아기들은 살아남기 위해 특별한 보살핌이 필요하지만, 27주 만에 태어난 아기들도 90퍼센트의 생존 확률을 보여. 요즘은 의학 기술의 발달로 아주 작은 아기들도 살릴 수 있게 되었지만, 1킬로그램 미만의 아기는 생존 가능성이 조금밖에 안 돼.

아기들이 22주나 23주에 태어나면 살아나는 것으로 알려졌어. 아직 태어나지 않은 아기들도 살아 있는 사람들이야. 아기들이 40주 동안 어머니의 자궁 안에서 충분히 발달하는 것이 하나님의 계획이지만, 하나님은 미숙아로 태어나는 아기들을 돕는 여러 의학 기술의 발달로 우리에게 복을 주셨어.

"선천적 기형의 원인은 무엇인가요?"

약 2.5퍼센트의 아기들이 일종의 선천적 기형을 가지고 태어나. 어떤 결함들은 유전된 것이고, 약물이나 감염, 성병, 술, 담배, 영양 결핍, 방사선이나 오염물질 같은 외부 요인들로 인한 것들도 있어.

만 18세 미만이나 만 35세 이상의 임산부는 더 위험해. 임신의 조기 진단이 중요한 이유는 흔히 처방받는 약들이 태아에게 해로울 수 있기 때문이야. 아버지가 어떤 화학물질에 노출된 경우도, 아버지의 몸 안에 그 화학물질이 남아 있을 때 잉태된 아기에게 선천적 결함이 생길 수 있어.

소위 Rh 음성 혈구를 가진 여자들 또한 두 번째 임신에서 선천적 기형이 생길 위험이 있어. 아기가 Rh 양성 혈액을 가진 경우, 어머니의 몸이 아기의 적혈구를 공격할 거야. 이것은 첫아기 출산 후나 유산 후에 예방접종을 함으로써 방지할 수 있어.

모든 사람은 결혼 전에 전체적인 건강검진을 해야 해. 여자들은 풍진 항체가 있는지 검사하고 혈액형을 알아보기 위한 혈액 검사도 해야 해.

임신 기간 중 풍진에 걸린 어머니에게서 태어난 아기들은 종종 심각한 선천적 기형을 갖고 있어. 의사들은 여자들이 아기를 갖기 오래전에 풍진 예방접종을 할 것을 권해. 예방접종을 한 후, 적어도 3개월까지는 임신하면 안 돼.

"왜 어떤 부부들은 아기를 갖지 못하나요?"

불임은 임신을 시도한 지 1년이 지났는데 임신이 되지 않는 것을 의미해. 불임은 임신이 되기 위해 진행되어야 하는 과정, 예를 들어 배란, 수정, 착상 등 가운데 어느 하나에 문제가 있을 때 생길 수 있어. 불임의 주요 원인은 여성의 난관이나 남성의 정자에 문제가 있는 거야.

피임하지 않고 활발하게 성관계를 갖는 사람들은 1년 안에 임신할 확률이 90퍼센트야. 그러나 아기를 원하는데 가질 수 없는 부부들에게는 큰 슬픔이지. 그리스도인으로서 우리는 마음의 고통을 겪는 이들을 위해 기도할 기회가 있어. 예수님은 언제나 우리와 함께 계시며 힘든 기간 동안 그분의 말씀을 통해 우리를 붙들어주셔.

많은 경우에 불임의 원인은 밝혀지지 않아. 어떤 사람들은 삼십대 혹은 사십대까지 출산을 미루는데, 나이가 들수록 임신 가능성은 줄어들어. 어떤 질병과 감염이 생식 기관을 손상시킬 수 있어.

그러나 피임하지 않고 성관계를 가진 지 2년 내에 임신을 하지 못하는 부부도 의학적 도움을 받아 임신할 수 있는 가능성이 전보다 훨씬 더 높아졌어. 치료법을 찾는다면 많은 이가 임신에 성공할 거야. 불임 치료를 받는 사람 중 67퍼센트는 아기를 갖게 될 거야.

"결혼한 부부는 아기를 갖지 않기 위해 피임을 해야 하나요?"

하나님이 아담과 하와에게 자녀를 낳으라고 명하시고 복 주신 것을 생각하면, 오늘날 부부들은 하나님이 주시는 아이를 모두 환영하겠다는 마음으로 결혼생활을 시작해야 해.

그리스도인 부부들이 의도적으로 아이를 갖지 않겠다는 결정을 할 때는 많이 생각하고 기도하며 신중하게 결정해야 해. 결혼한 부부가 자녀를 갖지 않으려는 이유가 무엇이고, 그러한 동기들이 하나님을 기쁘게 하는 것인지 진지하게 생각해보아야 해.

고민 끝에 어려운 결정을 내려야 할 경우, 요즘 부부가 사용할 수 있는 다양한 피임법이 있어. 콘돔에서부터 피임약과 패치, 피임용 격막 같은 차단 제품, 자연 가족계획까지 여러 방법이 있어. 이 방법들은 효과가 다 다르지만 그 어느 것도 100퍼센트 효과는 없어.

호르몬이나 화학적 피임법을 사용할 때 그런 약들이 이미 수정된 난자를 파괴하지 않는지, 혹은 수정란이 죽게 만드는 적대적 자궁 환경을 만들지 않는지 확인해보는 것이 중요해. 그런 방법은 인간의 생명을 파괴하는 것이며, 하나님의 뜻에 불순종하고 하나님이 창조하신 생명을 존중하지 않는 거야.

- 경구 피임약 : 여성이 주기적으로 복용하는 피임약은 호르몬제제로 몸이 임신했다고 착각하게 만들어 배란을 막는 것이다. 경구 피임약을 사용하는 여성 11명 중 1명 정도는 1년 내에 임신을 하게 된다.
- 자궁 내 피임장치(IUD) : 의사가 자궁 안에 장착하는 작은 T자형 장치로, 유형에 따라 5년에서 10년 동안 자궁 안에 장착해둔다.
- 임플란트 : 작은 성냥개비 모양의 임플란트를 여성의 팔 상부 안쪽의 피하에 삽입하는 것으로, 3년 이상 계속해서 호르몬을 분비하여 임신

을 막는다.

- 피임 주사 : 피임 주사는 3개월마다 맞을 수 있다. 피임 주사를 맞고 있는 여성 17명 중 1명 정도가 1년 내에 임신을 한다.
- 피임 패치 : 피부에 붙이는 것으로 일주일에 한 번씩 새 패치를 붙이고, 네 번째 주에는 여성이 생리를 하도록 붙이지 않는다. 피임 패치를 부착한 여성 10명 중 1명 정도가 1년 내에 임신을 한다.
- 피임링 : 3주 동안 질 안에 삽입했다가 네 번째 주에 제거하는데, 그때가 생리 기간이 된다. 피임링을 사용하는 여성 10명 중 1명 정도가 1년 내에 임신을 한다.
- 피임 스펀지 : 살정제가 함유된 스펀지를 질 안에 삽입하여 정자가 자궁 안으로 들어가는 것을 막는다. 피임 스펀지를 사용하는 여성 9명 중 1명 정도가 1년 내에 임신을 하며, 이미 자녀가 있는 여성의 경우 그 확률은 더 높아진다.
- 살정제 : 정자를 죽이기 위해 성관계 전에 질 안에 삽입하는 것으로, 거품, 젤, 크림, 정제의 형태가 있다. 살정제를 사용하는 여성 3,4명 중 1명 정도가 1년 내에 임신을 한다.
- 자연 피임법 : 여성이 생리 주기와 배란일을 정확하게 파악하여 임신이 되기 쉬운 때와 그렇지 않은 때를 기록해두고, 임신이 가능한 시기에 성관계를 피하는 방법이다. 이 방법을 자연가족계획이라고 한다.
- 피임용 격막 : 정자가 자궁에 들어오는 것을 막기 위해 여성이 질 안에

삽입하는 장치이다.

- **콘돔** : 남성의 음경에 씌워 정자가 질 안으로 들어가는 것을 막는다. 파트너가 콘돔을 사용하는 여성 6명 중 1명 정도는 1년 내에 임신을 한다. 여성용 콘돔도 있다. 여성용 콘돔을 사용하는 여성 5명 중 1명 정도가 1년 내에 임신을 한다. 콘돔은 성병을 예방하는 데 도움이 되는 유일한 피임법이다. 그러나 가장 흔한 성병 중 하나인 HPV(인유두종 바이러스)를 예방하는 데는 도움이 되지 않는다.
- **불임수술** : 남자와 여자가 임신을 막는 수술을 할 수 있다. 남자는 정관(고환에서 정자를 운반하는 관)을 자르고, 여자들은 난관을 묶는다. 불임수술은 보통 영구적이며, 성기능에는 영향을 미치지 않는다.

많은 그리스도인이 피임을 하는 동기에 대해 걱정해. 특히 부부가 자녀를 원하지 않고 아이에 대한 책임을 지고 싶지 않은 경우에 더 그렇지. 하나님은 자녀의 출산을 위해 결혼제도를 도입하셨어(창 1:28).

일부 교회들은 '자연 피임법'만 허용해. 다른 방법들은 하나님의 뜻을 거스르는 것이라고 보기 때문이지. 그들은 부부가 자녀를 갖는 시기와 여부를 하나님이 결정하신다고 생각해.

그리스도인들에게 또 한 가지 마음에 걸리는 일이 있어. 바로 일부 피임법들이 수정 후에, 즉 한 생명이 만들어진 후에 정자와 난자를 강도 높게 공격하여 사실상 낙태를 일으키거나 자궁을 아기가 생존할 수 없을 만큼 적대적인 환경으로 만든다는 거야.

결혼한 부부는 자신들이 피임을 선택하는 이유를 더 잘 이해하기 위해 하나님께 기도하고 서로 대화를 나누는 시간을 가져야 해. 주님은 우리의 모든 필요에 대해 하나님을 의지하라고 하시며, 이것은 분명 우리가 아기를 낳고 기르기 위해 육체적, 감정적으로 필요한 것을 하나님이 공급해주시는 데까지 확대돼.

> "세상에는 이미 사람들이 너무 많지 않나요? 뉴스에서 인구 과잉에 대한 이야기를 들으면 사람들이 지구에 많은 문제를 일으키고 있는 것이 걱정돼요."

사실은 여러 나라가 아이들을 충분히 낳지 않기 때문에 위기에 직면하고 있어. 많은 남녀가 독립된 생활을 중요하게 여기므로 자녀들을 보살피는 책임을 지는 것을 원치 않아.

유럽 여자들은 아이를 거의 낳지 않아서, 많은 유럽 국가가 여성당 2.1명의 자녀라는, 총인구를 유지하기 위한 기본 출생률을 유지하지 못하고 있어. 미국도 인구 유지를 위한 출생률(2010년에 여성당 1.9명의 자녀) 아래로 떨어졌어.

인구 유지에 필요한 출생률은 출생과 사망의 비율과 관련이 있어. 그것은 현재의 인구 수준(또는 인구의 제로 성장)을 유지하기 위해 각 여성이 낳아야 하는 자녀 수야.

이는 모든 일자리를 채울 노동자들이 부족해질 것을 의미해. 또한 무엇보다 사회보장연금을 받는 사람들이 그 제도의 유지를 위해 돈을 지불할 수 있는 사람들보다 더 많아질 거야.

인간을 위한 하나님의 계획을 거스르는 원칙들을 중심으로 사회를 세우는 것은 심히 위험한 일이야. 이 경우, 자녀들이 '불편'을 줄 수 있기 때문에 모든 가정에서 자녀들이 귀하게 여김 받거나 사랑으로 환영받는 것은 아니라는 생각은 점점 더 우려스러운 일이야.

"필요할 때를 대비해서 지금 피임에 대해 더 많이 배우면 안 되나요?"

우리 문화는 젊은이들에게 '안전한 성관계'를 가질 수 있도록 피임에 대해 배우도록 설득하려고 노력해. 그런데 하나님은 다른 생각을 갖고 계셔. 하나님은 우리 모두가 결혼생활이라는 테두리 안에서 다정하고 친밀한 교감을 나누기 위한 하나님의 거룩한 계획의 일부라고 가르치셔.

하나님은 또한 그분이 우리에게 베풀어주신 희생적인 사랑으로 우리가 다른 사람들을 존중하고 보살피도록 우리 자신을 훈련시킬 수 있다고 가르치셔. 우리는 모두 하나님이 우리에게 주시는 선물을 받아들일 것인지, 아니면 그 선물을 거부하고 하나님과 상관없는 삶을 개척할 것인지를 매일 선택할 수 있어.

피임법의 다양성과 가용성은 자녀에 대한 우리 사회의 태도 변화를 반영하는 거야. 즉 자녀들을 계획해야 할 프로젝트나 우리가 선택할 때 만들어지는 제품으로 여기는 거야. 피임법들은 손쉽게 이용할 수 있고 어느 정도는 임신에 대한 두려움을 없애주며, 어쩌면 결혼하지 않은 커플이 혼전 성관계를 갖는 것을 권장하거나 용납하는 거야. 분명 이것은 하나님이 결혼과 성의 선물을 주실 때 계획하신 것이 아니야.

결론

네가 궁금해하는 질문들에 대한 답을 알게 되었을 거야. 물론 모든 질문에 대한 답은 아닐지도 모르겠어. 너는 그리스도인으로서 성장하면서 더 많은 의문을 품게 될 테니 말이야. 부모님이나 네가 존경하고 신뢰하는 다른 그리스도인과 대화를 나누는 것이 이 거센 바다를 항해하는 데 큰 도움이 될 거야.

오늘날 세상에서 그리스도인으로 사는 것은 쉽지 않아. 실제로 우리는 성경을 읽음으로써, 하나님의 사람이 되는 것이 쉽지 않은 일이라는 것을 알게 돼. 하지만 하나님이 늘 신실하시며, 성령을 통해 우리가 성숙한 그리스도인으로 성장하도록 도우신다는 것을 알아.

성경은 그리스도 안에서 이루어진 구원 이야기를 온전히 보여줘. 그것은 하나님의 백성들을 위한 그분의 설계와 계획을 드러내. 하나님은 그분의 창조의 경이로움과 여성으로서 너의 독특한 설계를 보여주셔. 하나님은 네가 어떤 남성에게 적합한 조력자가 될 수 있도록 계획을 세우셨단다.

하나님이 네게 남편의 복을 주시도록 기도하렴. 또한 그 복을 받을 때까지 성적으로 순결을 유지할 힘을 달라고 기도해. 남편의 선물을 받지 못하더라도, 독신으로 살아도 너를 위한 하나님의 계획은 달라지지 않는다는 것을 기억해야 해. 하나님은 네가 이웃을 사랑하고 섬기기를 원하셔.

> 새 계명을 너희에게 주노니 서로 사랑하라 내가 너희를 사랑한 것 같이 너희도 서로 사랑하라 너희가 서로 사랑하면 이로써 모든 사람이 너희가 내 제자인 줄 알리라 요 13:34,35

오늘부터 하나님 안에서 성장하며 주님 사랑에 대한 확신을 가지렴!

성병

가장 심각한 성병은 에이즈(후천성면역결핍증), 임질, 매독, 클라미디아, 생식기 헤르페스, 인유두종 바이러스(HPV), 트리코모나스 감염증이야. 질염은 성적 접촉에 의해 걸릴 수 있지만, 다른 여러 요인이 있을 수 있기 때문에 성병으로 간주되지 않아.

성병은 왜 위험한가요

사람들은 성병에 걸리고도 인지하지 못할 수 있어. 감염된 사람들은 증상이 일시적으로 사라지면 나은 줄로 착각해. 그러나 대개 증상은 다시 나타나며 전보다 더 악화돼. 성병을 치료하지 않을 때 나타나는 결과는 실명, 관절염, 정신질환, 불임, 암 또는 사망이야. 그리고 감염된 어머니에게서 태어난 아기들은 심각한 선천적 장애가 있을 수 있어.

어떻게 성병에 걸리나요

성병을 일으키는 박테리아, 바이러스, 기생충은 따뜻하고 축축한 몸의 표면에 살아. 그 병은 성관계나 이 표면들이 서로 접촉하는 친밀한 성적 활동에 의해 퍼지는 경우가 가장 많아.

또한 에이즈를 일으키는 인체면역결핍바이러스(HIV)는 혈액 속에 살기 때문에, 에이즈는 약물을 투여할 때 인체면역결핍바이러스에 감염된 주삿바늘을 사용함으로써 퍼질 수 있어. 1980년대에 소수의 사람이 수혈을 통해 에이즈에 걸렸어. 그러나 지금은 이런 경로로 에이즈에 걸릴 가능성은 희박해. 에이즈는 악수나 포옹 같은 일상적인 사회적 접촉으로는 전염되지 않아.

아기들은 에이즈나 매독, 생식기 헤르페스를 가지고 태어날 수 있어. 매독은 전염성 구강점막 질환에 걸린 사람과 키스를 할 때 걸릴 수 있어. 임질은 손의 피부에 상처가 있을 경우 감염된 생식기와 접촉함으로써 걸릴 수 있어. 트리코모나스는 축축한 수건, 수영복 또는 축축한 변기 시트에 의해 전염될 수 있어.

이 모든 경우에, 감염된 사람은 자기가 성병에 걸렸다는 것을 인지하지 못하고 다른 사람들에게 옮길 수 있어.

성병에 걸렸는지 어떻게 알 수 있을까요

성병에 걸린 사람을 일반인이 알아볼 수는 없고, 의학적 검사를 통해서만 성병을 진단할 수 있어. 전염성 성병을 가진 사람도 완전히 건강해 보일 수 있어.

반면에 이제 성병의 세부 사항들을 다루며 언급하는 증상들은 여러 가지 다른 원인에 의해 발생할 수 있어. 어떤 사람이 아픈 것이 성병 때문이라고 추정한다면 너는 그 사람을 부당하게 판단하는 것일 수 있어.

에이즈(후천성면역결핍증)

어떤 증상들이 있나요?

대부분의 사람은 조기 증상이 없어. 에이즈를 일으키는 인체면역결핍바이러스(HIV)는 한 사람의 면역체계를 공격하고 질병과 싸울 수 있는 능력을 손상시켜. 면역체계가 제대로 기능하지 않으면 그 사람은 생명을 위협하는 여러 질병에 걸리기 쉬워. 이를테면 뇌수막염, 폐렴, 치매, 암 같은 병이지.

이런 기회감염성 질병들의 증상에는 계속 반복되는 기침과 숨 가쁨이나 호흡 곤란을 동반하는 열, 자줏빛 반점들, 피부에 난 멍들이 포함돼. 조기 증상에는 아구창(혀에 생긴 질염), 질염, 골반염, 대상포진, 발열, 설사, 체중 감소, 피로, 림프 부종 등이 있어.

첫 증상은 얼마나 빨리 나타나나요?

증상은 몇 주 내에 시작되기도 하고, 증상이 나타나기까지 10년 이상 걸리기도 해.

병을 치료하지 않으면 어떻게 되죠?

에이즈의 경우는 알려진 치료법이 없어. HIV 바이러스를 가지고 있는 사람들은 대부분 건강해 보이고 또 그렇게 느껴. 그것은 HIV를 가진 사람이 에이즈로 발전되기까지 10년 정도 걸리기 때문이지. 의학이 에이즈에 걸린 사람들의 수명을 연장시킬 수 있다 해도 에이즈는 거의 항상 치명적이야.

에이즈는 얼마나 퍼져 있나요?

대한에이즈예방협회 통계를 보면, 2018년 기준으로 내국인 1만 2,991명이 감염되었고, 2018년 한 해에 1,206명이 새로 감염되었어. 새로 감염되는 경우는 대부분 남자끼리 성관계를 갖는 사람들에게서 발견돼.

전 세계적으로 신규 에이즈 감염자 수는 감소 추세에 있는 반면, 국내는 2010년 이후 신규 감염자 수가 빠르게 증가해 2013년에 1,000명을 돌파했어. 이는 젊은 감염자가 급격히 증가했기 때문이지. 생명을 연장시키는 HIV 치료법을 사용할 수 있기 때문에, HIV를 가지고 살아가는 사람들의 수는 계속 늘어날 것으로 예상돼.

임질

어떤 증상들이 있나요?

소변을 볼 때 아프거나 가렵고, 자주 급하게 소변이 마려워. 음경이나 질에서 희거나 노란빛 분비물이 나와. 음경이나 외음부가 따갑고 아프고, 목도 아파. 대부분의 여자와 일부 남자들은 조기 증상이 없어. 그들과 성관계를 가진 파트너들이 감염되었을지 모른다고 말해주는 게 그나마 빠른 조치를 취할 수 있게 해.

첫 증상은 얼마나 빨리 나타나나요?

증상이 나타나기까지 30일이 걸릴 수도 있지만, 노출 후 2~5일 정도에 나타날 수도 있어. 초기 증상은 2~3주 정도 지속돼.

병을 치료하지 않으면 어떻게 되죠?

남자 : 균이 온몸에 퍼져. 치료하지 않을 경우 전립선염, 고환의 부종과 통증, 불임, 신장 손상을 유발할 수 있어. 또한 방광암에 노출될 위험이 커.

여자 : 감염은 주로 자궁경부에서 집중적으로 이루어져 다른 생식 기관들로 퍼져. 그것은 흉터를 남기는 아픈 종기를 발생시킬 수 있으며, 그 흉터는 종종 난관을 막아 임신을 불가능하게 만들거나 매우 위험하게 만들어. 여자들은 또한 골반 내 염증성 질환이 생길 수 있어.

남자와 여자 모두 급성 관절염과 눈병이 생길 수 있어.

임질은 얼마나 퍼져 있나요?

임질은 매우 흔한 성병이야. 해마다 전 세계적으로 6200만 명이 감염되는 것으로 추정돼.

질병관리본부 통계를 보면, 2010년만 해도 국내 신고 건수가 1,816건에 그쳤지만 2018년에는 2,361건으로 1.3배 증가했어. 특히 20대, 30대의 젊은 층에서 유병률이 두드러지게 높았어. 2018년에는 20대, 30대 유병률이 각각 전체의 40.3퍼센트, 25.6퍼센트를 차지했어.

매독

어떤 증상들이 있나요?

1기 : 음경, 외음부, 항문 주변, 입 안 또는 입술 등에 궤양이 생겨. 매독균이 몸 안으로 들어간 부위에 나타나는 거지. 주로 통증이 없어.

2기 : 따뜻하고 축축한 곳에서 궤양으로 변할 수 있는 피부 발진이 생기는데, 때로는 매우 미미해. 열과 두통, 일시적인 탈모, 분비선의 부종 등이 발생해.

3기 혹은 후발 매독 : 매독균이 중추신경계, 눈, 심장, 대혈관, 간, 뼈, 관절 등 다양한 장기에 침범하여 장기 손상이 나타나.

첫 증상은 얼마나 빨리 나타나나요?

1기 : 노출 후 10~90일 정도 지나면 피부 궤양이 나타날 거야. 특별한 치료 없이도 자연적으로 호전되지만, 치료하지 않으면 2기 매독으로 진행돼.

2기 : 궤양이 사라진 지 3주에서 3개월 후, 앞서 언급한 증상들이 나타나. 치료 없이도 이 증상들은 몇 주 혹은 몇 달 이내에 사라지지만, 치료하지 않는 경우 체내에 매독균이 남아 있을 수 있어.

3기 혹은 후발 매독 : 1,2기 매독 증상이 사라진 후 시작되며, 치료받지 않은 경우 매독의 증상이 겉으로 나타나지 않는 잠복 감염이 진행될 수 있어. 이러한 잠복 상태는 수년간 지속될 수 있어. 시간이 경과하여 3기 또는 후발 매독이 나타나.

병을 치료하지 않으면 어떻게 되죠?

매독은 몇 달에서 몇 년 동안, 심지어 10~30년 동안 감춰져 있을 수 있어. 혈액 검사로만 매독을 찾아낼 수 있어. 2년에서 40년이 지난 뒤 어느 시점에 넓은 부위의 피부 병변, 심장질환, 실명, 마비, 치매, 정신 이상, 임신 중 태아에게 회복 불가능한 손상이 발생할 거야. 심지어 사망할 수도 있어.

매독은 얼마나 퍼져 있나요?

질병관리본부에 따르면, 2018년 국내 매독 감염자가 2,000명을 넘어섰어. 특히 10대 미성년자의 매독 감염도 늘어나 성병 예방 및 관리 상태가 위험 수위에 도달했다는 지적이 나와.

정부가 전수감시 중인 매독 1기는 2013년 566명에서 2018년 11월 1,415명으로 급증했어. 매독 2기(11월 607명)까지 합하면 2,000명을 넘었지. 2018년에는 20대, 30대가 각 472명, 334명으로 전체 연령대의 57%에 달했어. 10대 감염도 꾸준히 늘고 있지. 2013년엔 10대 매독 1기 감염이 52명에 불과했지만, 2018년 11월까지 91명이 신고됐어.

한편, 미국과 일본도 매독 환자의 증가가 사회적 문제로 떠올랐다고 해.

클라미디아

어떤 증상들이 있나요?

클라미디아는 가장 일반적으로 보고되는 성병이야. 여성의 약 75퍼센트와 남성의 50퍼센트는 이 병에 걸려도 조기 증상이 없어.

증상이 나타날 때는 앞에서 살펴본 임질의 증상들과 비슷해. 남자들은 소변을 볼 때 분비물이 나오고 화끈거릴 수 있어. 여자들은 소변을 볼 때 비정상적인 분비물이 나오고 화끈거리는 느낌이 들 수 있어.

클라미디아 박테리아는 사람의 몸속에 수년간 살아 있으면서 눈에 띄는 증상을 일으키지 않을 수 있어. 신실한 부부들은 종종 둘 다 클라미디아에 감염된 사실을 알고 충격을 받아. 그것은 둘 중 한 사람의 과거에 있었던 성적 접촉에서 비롯되었기 때문이지.

첫 증상은 얼마나 빨리 나타나나요?

대개 감염되고 나서 3주 뒤에 나타나. 대부분의 사람은 어떤 증상도 경험하지 않아.

병을 치료하지 않으면 어떻게 되죠?

남자 : 요도와 고환에 염증이 생겨. 항문에 염증이 생길 수 있고 만성 골반통이 있을 수 있어. 치료하지 않으면 불임이 돼.

여자 : 요도나 자궁경부가 감염돼. 이는 불임, 자궁 외 임신(난관 임신), 골반의 염증, 만성 골반통을 일으킬 수 있어. 또한 신생아들에게 전염될 수 있어.

클라미디아를 치료하지 않은 여성의 40퍼센트까지 골반염증 질환이 생길 수 있어. 그리고 골반염증 질환을 앓는 여성 5명 가운데 1명은 불임이 돼.

클라미디아는 얼마나 퍼져 있나요?

질병관리본부 통계를 보면, 2010년 국내 신고 건수 2,984건에서 2018년 1만 606건으로 3.55배나 급증했어. 특히 20대, 30대의 젊은 층에서 유병률이 두드러지게 높았어. 2018년의 경우에 20대, 30대가 각각 전체의 49.1퍼센트, 23.8퍼센트로 대부분을 차지했어.

생식기 헤르페스

어떤 증상들이 있나요?

음경과 요도, 자궁경부, 질, 외음부의 물집이나 작은 수포들이 터지면서 아픈 상처들이 생겨. 종종 물집들이 매우 작아서 자기가 그 병에 걸렸다는 것을 인식하지 못하고, 또 자기도 모르게 다른 사람들에게 전염시킬 수도 있어. 많은 사람이 그 증상을 여드름이나 내성 모발로 착각해. 소변을 볼 때 통증이 있을 수도 있어. 처음 감염되었을 때 발열, 관절통, 감기와 비슷한 증상들, 가려움, 따끔거림이 있을 수도 있어. 감염된 사람들의 81퍼센트는 자신의 상태를 알아채지 못해.

첫 증상은 얼마나 빨리 나타나나요?

증상은 노출된 지 2~20일 뒤에 나타나. 사라졌다가 몇 달 뒤에 다시 나타날 수 있는데, 그동안 성적 접촉이 없었어도 그럴 수 있어. 반복해서 발생하는 것은 흔한 일이야.

병을 치료하지 않으면 어떻게 되죠?

헤르페스에 걸린 어머니가 낳은 아기는 선천적 결함이 있거나 사망할 수도 있어. 생식기 헤르페스와 자궁경부암 간의 연관성을 나타내는 강력한 증거가 있어. 여성들은 해마다 자궁경부암 검사를 하는 것이 바람직해.

생식기 헤르페스는 얼마나 퍼져 있나요?

국민건강보험공단에 따르면, 2009년 57만 명이었던 헤르페스 바이러스 감염 환자는 2013년 75만 명으로 매년 약 7퍼센트씩 늘었어. 5세 미만 영유아의 경우 100명 중 5명꼴로 이 질환을 호소했고, 여성 환자가 남성 환자보다 많은 가운데 20대의 경우 여성 환자가 남성 환자보다 2배 많았어.

헤르페스 바이러스는 세계 정상 성인의 60~95퍼센트가 감염됐을 정도로 흔해. 한번 감염되면 체내에서 바이러스를 완전히 제거하는 것이 불가능해 평생 인체에 잠복 형태로 존재하다가 각종 질환을 일으켜.

인유두종 바이러스(HPV)

어떤 증상들이 있나요?

생식기에 사마귀(곤지름)가 생기는데, 크기가 작은 진드기만 한 것에서 꽃양배추(Cauliflower)만 한 것까지 있어.

첫 증상은 얼마나 빨리 나타나나요?

인유두종 바이러스 증상이 나타나기까지 몇 주 혹은 몇 년이 걸릴 수 있어.

병을 치료하지 않으면 어떻게 되죠?

인유두종 바이러스는 항문, 인후, 자궁경부, 질, 외음부, 음경에 암을 일으킬 수 있어. 국내 자궁경부암 환자는 2010년에서 2017년까지 25퍼센트가량 증가했어. 해마다 3,600여 명의 여성이 자궁경부암으로 진단을 받아.

인유두종 바이러스는 얼마나 퍼져 있나요?

대한부인종양학회에 따르면, 2012년 우리나라 만 17~78세 여성 중 34퍼센트가 인유두종 바이러스에 감염된 것으로 조사돼. 연령별로는 성관계를 시작하는 만 29세 이하 감염률이 약 50퍼센트로 가장 높았으며, 그다음은 만 69~78세(36.6퍼센트), 만 29~38세(36.0퍼센트)로 나타났어. 결혼생활 외의 성관계를 갖는 거의 모든 사람이 생의 어느 시점에 인유두종 바이러스에 감염될 것으로 추정돼.

인유두종 바이러스는 백신으로 예방할 수 있어. 그리스도인들이 그 백신을 맞는 것은 잘못이 아니지만, 결혼생활 외의 성관계를 갖지 않는 것이 하나님을 기쁘시게 하는 예방법이야.

트리코모나스 감염증

어떤 증상들이 있나요?

여자 : 강한 악취와 함께 투명하거나 희거나 황녹색의 분비물이 나와.

골반 부위의 통증이 있어. 외음부가 쓰라리거나 심하게 가려워.

남자 : 대부분은 증상이 없으나 어떤 사람들은 특히 아침에 묽고 희끄무레한 분비물이 나오거나 음경이 가려운 느낌이 들 거야.

첫 증상은 얼마나 빨리 나타나나요?

노출된 지 5~28일 후에 나타나. 증상은 나타났다 사라져.

병을 치료하지 않으면 어떻게 되죠?

트리코모나스 감염증을 일으키는 작은 기생충들은 아마 계속 번식하여 불편을 초래할 거야. 트리코모나스와 자궁경부암은 서로 연관이 있어. 다른 성병에 걸리거나 확산될 위험이 점점 더 커져.

감염된 여자들은 조기분만을 하고 저체중인 아이를 낳을 가능성이 높아.

트리코모나스 감염증은 얼마나 퍼져 있나요?

정확한 국내 통계는 알 수 없지만, 주의해야 할 성병이야. 미국에서는 2015년 기준으로 370만 명 이상이 트리코모나스 감염증을 앓고 있으며, 해마다 100만 건 이상이 새로 발생한다고 해. 성적 접촉에 의해 퍼지는 경우가 가장 흔하지만, 수건이나 젖은 옷, 변기 시트 같은 축축하거나 눅눅한 물건과의 접촉을 통해 감염될 수도 있어.

성병에 걸린 것을 어떻게 알 수 있나요?

의사에게 검사를 받는 것이 확실하게 알 수 있는 유일한 방법이야. 어떤 증상들을 감지한다면 최대한 빨리 의사를 찾아가렴. 성병은 조기에 제대로 진단하면 더 쉽게 나을 수 있어.

항생제나 다른 약물로 스스로 치료하려고 하지 마. 각 질병은 그에 맞는 치료를 요구해. 어떤 경우에는 병이 치료될 수 있으나, 증상을 완화할 수는 있어도 치료할 수 없는 경우가 많아.

대부분의 증상에는 다른 원인들이 있을 수 있어. 예를 들어 소변볼 때 아픈 것은 신장이나 방광의 염증 때문일 수 있어. 질에서 분비물이 나오는 것은 정상일 수도 있고 성병이 아니라 질염 때문일 수도 있어. 의심스러우면 병원에 가보렴. 네가 성병에 걸리지 않았다는 것을 확실히 아는 것이 마음의 평안을 위해 중요해.

확실히 가장 좋은 방법은 애초에 성병에 걸리지 않도록 방지하는 거야. 그리스도인들의 경우, 결혼생활 외의 성관계를 갖지 않는 것이 하나님을 기쁘시게 하는 예방법이야. 결혼 전에 성적 순결을 지킨 남편과 아내는 성병으로부터 자유로운 삶을 누릴 수 있어.

성병은 한번 걸리고 나면 면역이 생기나요?

성병은 면역이 생기지 않아. 같은 사람이 여러 번 반복해서 걸릴 수 있어.

성병에 걸릴 확률은 얼마나 되나요?

하나님의 계획대로 성적 순결을 지키는 것이 가장 좋은 예방법이야. 그러나 다음과 같은 이유로 성병에 대해 알고 있는 것이 중요해.

- 잘 모르는 친구들에게 네가 조언과 상담을 해주어야 할지도 몰라.
- 성적인 행위를 하지 않은 사람이 성병에 걸릴 가능성이 아예 없는 것은 아니야.
- 성병을 치료하지 않으면 너의 삶뿐만 아니라 배우자와 자녀의 삶까지 파괴할 수 있어.

어디서 도움을 받을 수 있나요?

도움을 받을 수 있는 몇 가지 방법이 있어.

- **부모** : 대부분의 부모는 십대 자녀들이 중요한 문제를 가지고 찾아오면 사랑으로 도와주고 용서해줘.
- **의사** : 의사에게 솔직히 말하렴. 너만이 말할 수 있는 정보를 주지 않으면, 의사가 주요 증상의 원인일 수 있는 성병에 대한 검사를 하지 않을

수도 있어.

- 믿을 만한 학교 보건교사나 상담교사 : 그들은 진단과 치료를 받기 위해 어디로 가야 하는지 알고 있어.
- 목사, 교사, 청소년 상담가 또는 교회의 믿을 만한 어른들 : 이들은 너의 신체적, 영적인 건강에 관심을 가지고 너를 위해 기도하며 도와줄 수 있어.
- 지역 보건소 : 보건소는 때때로 사람들이 붐비지만, 거기서 너를 잘 보살펴줄 실력 있는 사람들을 찾을 수도 있어.

  공중보건의들은 성병에 걸린 사례를 많이 보기 때문에 치료의 전문가가 돼. 치료비는 아마 무료일 거야. 미성년자라면 어떤 행동을 취하기 전에 먼저 부모의 조언과 도움을 구하렴.

용어 해설

간음 법적으로 다른 사람과 결혼한 사람과 성적인 관계를 갖는 것. 이 용어는 종종 결혼생활 외의 성관계를 묘사할 때 사용된다.

강간 동의하지 않은 사람과 갖는 강제적인 성관계.

고환 정자를 생산하는 두 개의 남성 생식 기관. 음경 뒤, 두 다리 사이의 음낭 안에 있다.

구강성교 입이나 혀로 상대방의 성기를 애무하는 성행위.

귀두 포피를 뒤로 밀거나 포경 수술 후에 드러나는 음경의 끝부분.

근친상간 아버지와 딸, 어머니와 아들, 형제와 자매처럼 가까운 친족 간의 성관계. 주로 성적 학대의 형태로 이루어진다.

금욕 자발적으로 어떤 것을 피하는 것. 성적인 의미로는 성적인 활동을 삼가는 것을 뜻한다.

난관 난자가 난소에서 자궁으로 갈 때 통과하는 관.

난소 자궁의 양쪽에 있는 두 개의 여성 생식선. 그 안에서 난자가 생성된다. 또한 여성의 신체 특징들에 영향을 미치는 호르몬을 생산한다.

난자 난소 안에 있는 여성의 생식세포. 남성의 정자에 의해 수정된 후 난자는 배아로, 그다음에 태아로 발달한다.

노출증 환자 공개적으로나 익명으로 자신의 성기를 강박적으로 드러내는 사람.

뇌하수체 뇌의 가운데에서 다른 모든 내분비선의 기능을 통제하는 기관. 특히 생식선, 부신, 갑상선 기능을 조절한다.

동성애 같은 성의 사람에게 성적으로 끌리는 것.

레즈비언 다른 여자들에게 성적으로 끌리는 여자.

매독 '성병' 내용을 참고하라.

매춘부 돈이나 다른 물질을 위해 성적 활동을 하는 개인.

몽정 잠자는 동안 자기도 모르게 일어나는 남성의 발기와 사정.

발기 주로 성적으로 흥분했을 때 조직이 혈액으로 가득해져서 음경이 커지고 단단해지는 것.

발기 불능 성관계를 갖는 동안 음경이 발기되지 않거나 발기 상태가 유지되지 않는 것. 발기 불능은 일종의 남성 성기능 장애로, 여러 가지 원인이 있다.

방광 소변을 배출할 때까지 저장하는 골반 부분의 주머니.

배란 성숙한 난자를 난소에서 난관으로 내보내는 것.

배아 태아 발달의 가장 초기 단계. 인간의 경우, 처음 8주 동안의 성장 단계에 있는 수정된 난자.

복장 도착자 이성의 옷을 입고 싶은 충동을 느끼는 사람.

부고환 고환과 정액수송관을 연결하는 작은 고리들.

부인과 의사 여성의 생식 기관 치료를 전문으로 하는 의사.

분만 출산의 과정.

불임 적어도 1년 동안 피임을 하지 않았는데 임신하지 못하는 일.

불임 수술 남자나 여자가 자녀를 생산할 수 없으나 성관계는 가질 수 있게 하는 수술. 가장 흔한 수술 방법에는 다음과 같은 것들이 있다.

- **복강경불임수술** 복부를 조금 절개하여 그 틈으로 난관을 절제하거나 지지는 것.
- **난관결찰술** 복부를 더 크게 절개하거나 질을 통해서 난관의 양쪽 끝을 수술로 절제하고 묶는 것.
- **정관수술** 남성의 정자 수송관을 절제하여 부분 제거하고 끝을 묶는 것.

비뇨기과 의사 남성의 생식기뿐 아니라 양성의 요로에 생긴 문제들을 전문적으로 다루는 의사.

사정 음경에서 정액이 배출되는 것.

사춘기 아동기의 끝을 나타내는 급성장 기간. 생식 기관들이 성숙하고 난자나 정자를 생산한다. 소녀는 젊은 여자가 되고, 소년은 젊은 남자가 된다.

산과 의사 임신과 출산, 그 직후 여성들의 치료를 전문으로 하는 의사.

산아 제한 '피임' 내용을 참고하라.

산전 아기가 태어나기 전.

살정제	'피임' 내용을 참고하라.
생리(월경)	자궁에서 혈액과 내막이 질을 통해 배출되는 것. 사춘기에서 폐경기까지 여성들은 보통 28~30일마다 생리를 한다.
생식 기관	눈에 보이는 외생식기와 몸 안에 있는 내생식기로 나뉜다. 외생식기로 여성은 대음순과 소음순이 있고, 남성은 음경과 음낭이 있다. 내생식기로 여성은 자궁, 질, 난소, 난관 등이 있고, 남성은 고환, 정낭, 정관, 전립선 등이 있다.
생식기 헤르페스	'성병' 내용을 참고하라.
생식력	생식할 수 있는 능력.
섬모	특히 세포의 표면의 주변부에 생기는, 작은 털 모양의 돌기로서 맹렬한 움직임을 가능케 한다. 즉 무엇인가를 앞으로 이동시키는 속눈썹 같은 작은 털이다.
성감대	입, 입술, 가슴, 유두, 생식기처럼 성적으로 민감하거나 자극적인 신체 부위.
성교	남성의 음경을 여성의 질 안에 삽입하여 육체적 관계를 맺음.
성기	생식 기관을 일컫는 말.
성기능 장애	성기능상 문제가 있는 상태. 육체적이나 정신적인 원인일 수 있다.
성병	거의 전적으로 성교에 의해 걸리는 여러 종류의 전염성 질병. 가장 흔한 병으로는 에이즈, 임질, 매독, 클라미디아, 생식기 헤르페스, 인유두종 바이러스, 트리코모나스 감염증 등이 있다.
성욕	성적 행위에 대한 욕구.

수정 하나의 정자가 여성의 난자에 침투하여 수태를 일으키는 것.

수태 정자가 난자에 침투하여, 새 생명인 배아가 자라게 하는 것.

순결 미혼이든 기혼이든 깨끗한 삶을 살아가는 것.

순결을 지킴 성교를 하지 않음.

안드로겐 남성의 성장과 성적 욕구에 영향을 미치는 호르몬. 남성의 이차 성장(목소리 변화, 수염이 자람 등)을 일으킨다.

안전 기간 생리주기에서 여성이 배란을 하지 않고 따라서 임신을 할 수 없는 것으로 추정되는 기간.

안전한 성관계 콘돔같이 적절한 피임 도구를 사용하면 임신을 하거나 성병에 걸리지 않을 것이라는 주장. 진정으로 안전한 성관계는 결혼할 때까지 순결을 지키고 성병에 감염되지 않은 배우자와만 성관계를 갖는 것이다.

양막 자궁 내에 태아를 둘러싼 주머니를 형성하는 얇은 막. 태아를 충격으로부터 보호해주는 양수가 차 있다.

양성애자 양쪽 성에게 성적으로 이끌리는 사람.

양성적 무성(無性)의, 특별히 남성적이거나 여성적인 특징들을 갖고 있지 않은.

에로틱 성적으로 자극이 되는.

에스트로겐 생리주기의 작용에 영향을 미치고 여성의 2차 성징(가슴 발달, 둔부의 넓어짐 등)을 일으키는 호르몬.

에이즈 후천성면역결핍증. 생명을 위협하는 바이러스성 질병으로, 가장 일반적으로 혈액이나 정액 또는 둘 다를 통해 전염된다. 성적인 접촉이나 약물을 투여할 때 HIV에 감염된 주삿바늘을 사용함으로써 감염된다.

여포 세포막에 둘러싸여 발달 중인 난자를 포함하고 있는 난소 안의 소낭. 성숙한 여포는 배란기에 터져서 난자를 배출한다.

역아 분만 시 아기의 머리부터 나오는 경우와는 달리 다리부터 먼저 나온 아기 발이나 엉덩이가 먼저 보이는 위치.

염색체 모든 세포의 핵에서 발견되는 막대 모양의 소체로, 유전 물질이나 유전자를 포함하고 있다. 22쌍의 염색체는 개인의 유전적 특성들을 설명해준다. 23번째 염색체는 성별을 결정한다. 'X염색체'와 'Y염색체'를 보라.

오르가슴 성적 행위에 있어 흥분의 절정.

완선 성기 부근에 피부 염증을 일으키는 곰팡이 감염.

외음부 여성의 외생식기. 대음순과 소음순 곧 질과 음핵을 둘러싼 피부의 바깥 주름과 안 주름을 말한다.

요도 소변이 방광에서 나와 몸에서 배출되는 관.

유산 엄마의 몸이 자궁 안에서 죽은 아기를 배출해내는 과정.

유전자 염색체 안의 유전적 특성들을 전달하는 매개체.

유전적 신체적 특징, 성격, 질병을 포함하여 부모로부터 자녀에게 전달되는 것과 관련된.

음경 정액이 배출되고 소변이 지나가는 남성의 생식기.

음낭 남성의 두 다리 사이에 있는 피부낭으로 고환을 싸고 있다.

음란물(포르노) 개인적 또는 도덕적 가치에 대한 관심 없이, 단순히 성적 흥분을 일으키기 위한 문학, 영화, 미술품, 그 외 다른 표현 수단들.

음부 복부 아랫부분에 삼각형 모양으로 털이 자라는 부분.

음핵 요도 바로 위에 위치한 작고 매우 민감한 여성의 성적 기관.

음행 결혼하지 않은 남자와 여자의 성관계.

이성애 다른 성의 사람들에게 성적으로 끌리는 것.

인공 수정 인공적인 방법으로 자궁경부에 가까운 질 안에 정자를 주입하는 의료 시술. 불임 문제가 있어도 임신을 가능케 할 수 있다.

인유두종 바이러스 '성병' 내용을 참고하라.

임신 수정부터 출산까지의 기간. 여성의 몸 안에 발달 중인 배아나 태아를 품고 있는 상태.

임신 기간 수정에서 출산까지의 기간. 인간의 경우 약 9개월간이다.

임신 중절(낙태) 임신의 조기 종결. 세 종류가 있다.

- **자발적** 임신한 여자의 요청으로 시행하는 수술.
- **자연적(유산)** 일반적으로 태아의 비정상적인 발달로 인한 자연적 종결.
- **치료적** 어머니의 생명을 위협하는 비정상적 발달로 인해 의학적으로 권고하는 절차.

몇 가지 일반적인 인공 유산의 방법이 있다.

- **흡입술(흡인 요법, 흡인 소파술, 진공 흡인법)** 자궁경부를 넓히고 흡입장치에 연결된 긴 플라스틱 관을 자궁 내에 삽입하여 태아와 태반을

빼내는 의료 시술. 임신 6~16주 사이에 사용된다.

- **D&E(확장 추출술)** 임신 21주 이후에 자궁경부를 확장하고 태아를 추출해내는 의료 시술.

- **의학적 유산** 처방받은 미페프리스톤과 미소프로스톨(RU-486)을 함께 사용하는 가장 흔한 중절 방법으로, 배아가 자궁벽에서 떨어지게 한다. 여성은 임신 7주가 지나지 않아야 하며, 합병증이 발생할 시 가까운 곳에서 의학적 치료를 받을 수 있어야 한다.

- **자궁 흡인 중절법(생리 조절법)** 흡인 기술로 자궁 내벽을 추출해내는 것(정상적인 생리 과정의 일부). 보통 생리 예정일이 지난 지 2주 내에, 확실한 임신 진단을 할 수 있는 시기가 되기 전에 시행된다.

- **사후 피임약** 성교 후 난자의 수정을 막거나 이미 수정된 난자의 착상을 막기 위해 여성이 1회 복용하는 처방약. 사후에 사용하는 이유는 이 약이 낙태를 일으키는 것으로 간주되기 때문이다.

- **RU-486('미페프리스톤과 미소프로스톨'이라는 약물로도 알려짐)** 여성이 자궁에서 배아를 떼어내기 위해 복용하는 처방약. 사후 피임약처럼, 낙태를 유발하는 RU-486은 수태를 예방하는 것이 아니다. 첫 생리 예정일이 지난 후 바로 복용하면 갓 착상된 배아가 자궁 내벽에서 분리되어 생리혈과 함께 흘러나온다.

- **소금물 낙태** 소금물을 여성의 자궁에 주입하여 낙태가 일어나게 하는 것이다. 임신 14주 후에만 사용된다. 이 방법은 미국에서 정말 드물게 행해진다(낙태의 1퍼센트도 안 된다).

- **진공 소파수술** 자궁경부를 확장한 후 흡입기를 사용하여 자궁을 비운다. 임신 12주까지 시행할 수 있다.

임질	'성병' 내용을 참고하라.
자궁	작은 근육질의 배(pear) 모양의 여성 기관으로 태아가 자라는 곳이다. 성장하는 아이에게 공간을 제공할 수 있을 만큼 확장될 수 있다.
자궁경부	질의 깊은 곳으로 이어지는, 자궁의 좁은 아랫부분.
자궁 절제술	자궁을 수술로 제거하는 것. 한쪽이나 양쪽 난소 제거를 포함할 수 있다(난소 절제술).
자연가족계획	'피임' 내용을 참고하라.
자위	종종 오르가슴에 이를 때까지 자신의 성기를 스스로 자극하는 것.
전립선	요도와 방광의 아랫부분을 둘러싸고 있으며 정액을 구성하는 액체를 분비하는 남성의 분비선.
전희	성교의 시작 단계. 이때 파트너들은 충분한 성적 흥분 상태에 도달하기 위해 키스, 애무를 하며 서로 접촉한다.
절정	'오르가슴' 내용을 보라.
정관	정자가 부고환에서 정낭과 요도로 지나가는 관.
정낭	(고환에서 생산되는) 정자를 저장하는 두 개의 주머니. 전립선의 양쪽에 위치하며 정관으로 통한다.
정삭	고환이 달려 있는 관. 정액수송관, 정맥, 신경을 포함한다.
정액	정자로 구성된 액체. 정낭, 전립선, 쿠퍼샘, 부고환에서 나오는 분비물. 남성이 오르가슴에 도달할 때 음경에서 배출된다.

정자 남성의 생식세포. 고환에서 생산되며 여성의 난자와 수정하여 임신시킬 수 있다.

제왕절개 복부를 통해 자궁을 수술로 절개하여 아기를 분만하는 법. C-섹션이라고도 한다.

조산 보통 자궁 안에서 9개월의 성장 기간이 지나기 전에 너무 일찍 아기가 태어나는 것.

직장 대장의 아래쪽 끝, 항문의 끝부분.

진통 출산할 때, 짧은 간격을 두고 주기적으로 반복되는 배의 통증. 분만을 위해서 자궁경부가 점차 확장되고, 자궁 근육이 강한 수축으로 아기를 엄마의 몸에서 밀어내며 일어난다.

질 여성의 자궁과 외음부 사이에 있는 관으로, 성관계를 가질 때 음경을 받아들이는 부분. 출산 시에 아기가 지나가는 길이다.

질 세척 흐르는 물이나 용액으로 질을 씻는 것.

처녀막 질구를 부분적으로 막고 있는 얇은 막.

청소년기 사춘기와 성인기 사이의 기간.

초경 첫 생리.

콘돔 '피임' 내용을 참고하라.

쿠퍼샘 남성의 요도 옆에 위치한 작은 샘으로, 정액의 일종을 분비한다.

클라미디아 '성병' 내용을 참고하라.

태반 탯줄로 태아와 자궁 내막을 연결해주는 스펀지 같은 기관. 태아에게 영양을 공급하고 노폐물을 처리하는 역할을 한다. 아이가 태어난 후 자궁에서 축출된다.

태아 수정된 지 8주 이후부터 태어날 때까지의 아기.

탯줄 태아와 태반을 연결하는 줄. 그 줄을 통해 태아는 영양분을 공급받는다.

테스토스테론 고환에 의해 생성되는 남성 호르몬. 남성의 2차 성징(목소리 변화, 털의 성장 등)을 일으키고 유지한다.

트랜스젠더 자신의 성적 정체성이 자신이 타고난 육체적인 성과 일치하지 않는다고 생각하는 사람.

트리코모나스 '성병' 내용을 참고하라.

폐경 보통 만 45~55세 사이에 여성의 생리이 끝나는 것.

포경 수술 음경의 포피를 제거하는 수술. 본래 신앙의 표시로 행해진 유대인의 의식이었다. 지금은 일반적으로 청결을 목적으로 행해진다.

포피 음경의 끝부분을 덮고 있는 느슨한 피부. 포경 수술 시에 제거된다.

프로게스테론 자궁이 수정된 난자를 받아들일 준비를 갖추게 하는 여성의 임신 호르몬.

피임 성교시 어떤 장치나 약물, 다른 수단들을 사용하여 수태를 막는 것.

항문 엉덩이 아랫부분의 구멍으로 그곳을 통해 고형 폐기물(대변)이 창자에서 제거된다.

호르몬 내분비선에서 생산되는 화학물질로, 몸의 다른 기관들의 기능에 특별한 영향을 미친다.

HIV 에이즈(후천성면역결핍증)를 일으키는 인체면역결핍바이러스.

X염색체 성별을 결정하는 염색체로서, 모든 난자와 절반의 정자 안에 있다. 난자가 X염색체를 가진 정자와 수정이 되면 여자아이가 잉태될 것이다(XX).

Y염색체 성별을 결정하는 염색체로서, 절반의 정자 안에 있다. 난자가 Y염색체를 가진 정자와 수정되면 남자아이가 잉태될 것이다(XY).

기독교성윤리연구소를 소개합니다

분당우리교회(담임 이찬수)의 후원으로 발족한 기독교성윤리연구소는 개혁주의 신앙을 바탕으로 다음세대에게 성경적 성윤리를 세우는 것을 사명으로 합니다. 하나님이 만드신 창조질서를 거슬러 일어나는 성적 일탈과 성경적 가치관을 왜곡하는 문화 속에서 성경만이 유일한 진리의 기준임을 제시하고자 합니다.

나아가 감각적인 문화 속에서 본능대로 살지 않고 말씀대로 사는 다음세대를 길러내기 위해 성경을 기준으로 우리 삶의 문제들을 조명하고자 합니다.

동성애를 시작으로 하여 성적 타락의 실태와 심각성을 살펴 경종을 울리고, 건강한 가정상을 제시하여 모두가 행복한 삶을 살 수 있도록 돕는 사역을 펼쳐나갈 것입니다.

이를 위해 기독교 성윤리 연구소는 교회와 다음세대를 세우는 성경적이고 통찰력 있는 연구결과를 제공하기 위해 노력하겠습니다.

기독교성윤리연구소에서 섬기는 사역은 다음과 같습니다.

첫째, 기독교 성윤리에 관련된 해외의 좋은 자료를 소개합니다.

TGC(The Gospel Coalition), CBMW(Council on Biblical Manhood &

Womanhood), desiringGOD 등과 같은 복음 중심적 신앙을 바탕으로 한 단체의 성윤리에 관련한 최신 동영상 자료, 기사를 번역하여 한국교회에 소개합니다. 뿐만 아니라 해외 기독교 성교육 교재를 보급하여 성경적 가치관 안에서 나이, 성별에 따라 맞춤 성교육을 할 수 있도록 합니다. 또한 국내에 미출간된 양질의 도서를 소개하여 기독교 성윤리 문화의 저변을 확대합니다.

둘째, 기독교 성윤리 관련 강연 및 북토크를 진행합니다.

관련 전문가를 정기적으로 초빙해 강연을 진행하고 다음세대인 자녀 성교육에 대한 고민과 함께 기독교적인 대안을 세워갑니다.

셋째, 기독교 성윤리 관련 교육용 콘텐츠를 개발합니다.

다양한 성윤리 이슈를 연구하고 정리하여 다음세대와 소통할 수 있는 다양한 교육용 콘텐츠를 개발하여 제공합니다.

연락처 wooriinst@gmail.com

사랑, 성(性) 그리고 하나님(여자)

초판 1쇄 발행 2020년 5월 20일

지은이 Concordia Publishing House
옮긴이 유정희
감수 기독교성윤리연구소•박영주

펴낸이 여진구
책임편집 이영주 김윤향
편집 최현수 안수경 최은정 김아진 정아혜
책임디자인 마영애 | 노지현 조아라 조은혜
기획 · 홍보 김영하
마케팅 김상순 강성민 허병용
제작 조영석 정도봉
해외저작권 기은혜
마케팅지원 최영배 정나영
경영지원 김혜경 김경희

이슬비전도학교 최경식
303비전장학회 & 303비전꿈나무장학회 여운학
303비전성경암송학교 박정숙

펴낸곳 규장

주소 06770 서울시 서초구 매헌로 16길 20(양재2동) 규장선교센터
전화 02)578-0003 팩스 02)578-7332
이메일 kyujang0691@gmail.com
홈페이지 www.kyujang.com
페이스북 facebook.com/kyujangbook
인스타그램 instagram.com/kyujang_com
카카오스토리 story.kakao.com/kyujangbook

등록일 1978.8.14. 제1-22

책값 뒤표지에 있습니다.
ISBN 979-11-6504-065-9 04230
979-11-6504-055-0 (세트)

규 | 장 | 수 | 칙

1. 기도로 기획하고 기도로 제작한다.
2. 오직 그리스도의 성품을 사모하는 독자가 원하고 필요로 하는 책만을 출판한다.
3. 한 활자 한 문장에 온 정성을 쏟는다.
4. 성실과 정확을 생명으로 삼고 일한다.
5. 긍정적이며 적극적인 신앙과 신행일치에의 안내자의 사명을 다한다.
6. 충고와 조언을 항상 감사로 경청한다.
7. 지상목표는 문서선교에 있다.

하나님을 사랑하는 자 곧 그의 뜻대로 부르심을 입은 자들에게는 모든 것이 合力하여 善을 이루느니라(롬 8:28)